부처님 계율대로

자운대율사 진영

부처님 계율대로

자운대율사 일대기

· 이정범 지음 · 김종도 그림 · 태원 감수 ·

운주사

간행사

자운율사 스님은 푸른 하늘 흰 구름처럼 오셨다가 흰 구름처럼 가신 분이다. 그 분의 일생은 청빈한 삶 그 자체였다. 스님은 입적하시기 3~4년 전부터 본인에 관한 자료, 즉 사진, 기록 테이프 같은 것을 손수 다 없애셨다. 손상좌인 나 또한 스님 몰래 녹음한 법문 테이프를 빼앗기고 혼났던 기억이 있다. 가지고 계시던 여러 물품과 자료들도 필요한 후인에게 전해 주시며 정리하였다. 스님께서 이렇게 하신 것은 후인들이 허상을 좇을까 걱정되어서 하신 일이라 생각된다.

　율사스님이 입적하신 지 벌써 26주년을 지나 27주년이 다 되어 간다. 스님이 그리워 그 자취를 찾았으나 이미 하늘의 흰 구름 흩어지듯 그 흔적을 찾기 힘들었다. 송구한 마음 금할 수 없었다. 도저히 이래서는 안 되겠다고 생각하여 3년 전에 율사스님의 모습 일부라도 복원해야겠다는 마음을 냈다가 한동안 소원했었는데, 불현듯 지난해 봄부터 다시 마음이 나서 스님의 일대기를 소설화

해 보고자 하였다.

마침 세민스님의 주도하에 김광식 거사가 엮은 『자운대율사』가 세간에 나왔다. 율사스님에 대한 후인들의 기억이 복원된 것이다. 이제 소설 형식이지만 율사스님의 일대기가 완성된다면 스님의 행적이 어렴풋하게나마 대중들 눈에 보일 것이다. 남은 일은 눈 밝은 후인이 나타나 스님의 계율정신과 참선, 염불 수행의 길이 여법한 부처님의 길이었음을 정리하는 것이다. 이 책이 오늘날처럼 계율을 등한시 하는 불교계에 조그마한 경책이 될 수 있다면 스님을 흠모하는 손상좌로서 더할 나위 없이 감사할 따름이다. 만약 그렇게 된다면 율사스님의 은혜에 천만 분의 하나라도 보답하는 일이 될 것이다.

이 책의 큰 얼개는 가산지관 대종사가 지은 자운율사 행장과 해인사 자운율사 부도탑전의 비문, 경국사 비문 등에 근거하였다. 이에 부수적으로 첨가된 일화는 여러 분의 고증과 작가의 필담으로 이야기를 꾸민 것이다. 혹여 잘못된 점이 있다면 감수를 한 나와 작가의 일이니 많은 질책을 바란다.

끝으로 신심을 가지고 소설로 엮어주신 이정범 작가, 삽화를 그려주신 김종도 화백과 편집에 힘써주신 박정숙 디자이너, 기획·편집부터 출판까지 온 힘을 다하신 오영호 편집자, 그리고 경

제적인 도움을 주신 원로회의장 세민큰스님, 감로사 주지 혜총큰
스님, 지장사 회주 대운큰스님, 김원각화, 신효섭 불자님과 자료
를 보내주신 많은 분들께 감사드리며, 흔쾌히 출판을 맡아준 운
주사 김시열 사장에게도 고마운 마음을 전한다.

불기 2563(2019)년 1월

대각회 이사장 손상좌 태원 삼가 씀

일러두기

자운대율사는 경주 김씨 출신이며 호적상 성명은 '김수돌'이다. 이 책
에선 자운대율사를 좀 더 객관적인 시각으로 조명하려는 뜻에서 성장
기에는 속명인 '김수돌' 또는 '수돌'로 표기하며 출가해 계를 받은 이후
로는 '스님'이란 경칭을 생략하고 '성우', '자운' 또는 '자운 율사' 등으
로 표기한다. 마찬가지로 역사적인 인물이나 자운대율사와 인연이 깊
은 스님들과 지인들의 경칭도 생략한다.

수행자를
닮은 아이

그곳은 울창한 숲과 깊은 계곡만이 세상의 전부인 듯한 첩첩산골이었다. 지금은 노동路洞 계곡을 따라 운치 있는 별장들과 오토캠핑장이 들어섰지만 1911년만 해도 앞뒤 모두 울울한 숲으로 뒤덮인 산골마을. 훗날 자운慈雲 대율사로 추앙받게 될 김수돌은 그런 화전민촌에서 태어났다. 행정상 주소는 강원도 평창군 용평면 노동리 상대골.

수돌의 생가 터 주변으로는 60여 호의 민가가 있었다. 그의 집을 비롯해 마을 사람 대부분은 화전으로 생계를 이어 나갔다. 산림의 일정 부분을 태워 밭으로 일구는 화전 농업은 역사가 오래된 농업 방식이다. 중국에서는 화경火耕, 일본에서는 야키바타(燒畑)라 일컬어지는 것으로 보아 청동기 시대 이래 동북아에서 광범위하게 이용되던 경작법이라 한다.

화전을 하면 땅에 켜켜이 쌓인 낙엽 등의 퇴적물과 불에 탄 재로 인해 몇 해 동안은 농사가 잘 되지만 지력이 떨어지면 다른 장소로 옮겨 새로운 화전을 일궈야 한다. 그러다 먼저의 땅이 지력을 회복하면 다시 그 장소로 돌아가거나 아예 멀리 떨어진 고장으로 옮기는 경우도 많다. 이런 까닭에 화전민들은 한 곳에 정착하기보다 몇 해마다 인근 지역으로 거주지를 옮기는 게 다반사였다.

수돌의 가족도 마찬가지여서 여러 차례 움막을 옮겨 다녔다. 그처럼 잦은 이동 때문인지 아니면 모든 걸 본래의 상태로 되돌려 놓으려는 자연의 힘 때문인지, 현재 수돌의 생가는 물론 그 산골에는 과연 마을이 있었나 싶을 정도로 집터들의 흔적이 희미한 상태이다.

수돌의 형제는 모두 8남매였다. 그 중 수돌은 다섯째였는데 위로 누이 둘, 형 둘이 있었고 아래로는 누이동생 하나와 두 남동생이 있었다. 그의 아버지는 경주 김씨 자옥玆玉이며 어머니는 인동 장씨였다. 부친 김자옥은 북녘의 반족 출신으로 한학에 조예가 깊었다. 유학儒學은 물론 노장老莊 사상에도 정통했고 시와 풍류를 즐길 줄 알았다.

이는 수돌의 선조들이 단순히 화전만 일구던 농민이라기보다는 일정한 지식을 갖춘 양반 지식인 계층이었음을 짐작하게 한다. 엄격하던 신분 질서가 무너지던 조선 후기엔 웬만큼 재력을 갖춘 상민들이 양반의 지위를 사들인 반면 거꾸로 본래 양반이던 사람들이 가난 때문에 상민보다 못하게 살아야 하는 경우가 부지기수였다.

그런가 하면 빈번했던 농민운동이나 서학, 풍수지리, 동학 등의 영향을 받아 주거지를 옮기거나 깊은 산골로 숨어들어가 살던 계층들도 많았다. 이를테면 세도정치와 탐관오리의 학정에 신물이 난 서북민들이 1811년에 '홍경래의 난'을 일으켰고 이때 관군들의 무자비한 추격과 학살을 피해 깊은 산골로 몸을 숨겨 화전민이 된 사람들이 많았다. 그 후 함흥에서는 1862년과 1892년, 두 차례에 걸쳐 지방 관원들의 수탈에 맞서 '함흥민란'이 일어났는데 이때 조정에서 파견한 정부군(안핵사按覈使)의 탄압을 피해 수많은 농민이 야음을 틈타 살길을 찾아 나섰다.

이 무렵의 강원도 평창 같은 산간 오지에는 몸을 숨기고 화전으로 생계를 잇게 된 사람들이 부쩍 늘었다. 그런가 하면 당시 유행하던 도참사상이나 풍수지리설을 따라 몰락한 양반 출신들이 신분을 숨기고 화전민이 되기도 하였다.

수돌이 태어나던 해는 일제가 한국을 강제 병탄한 이듬해인 1911년이었다. 강원도 산골에도 그런 암울한 영향이 미칠 수밖에 없었다. 국권을 상실한 한민족의 패배의식과 기득권층에 대한 저항의식 같은 게 당시 사회의 저변에 깔려 있었고, 그런 경향은 강원도 산골이라 해도 예외일 수는 없었다.

한편 19세기 후반부터 일제강점기가 시작된 20세기 초반에는 일제와 친일파에 저항하려는 사람들이나 당장의 생계를 잇기 힘든 농민들 수십만 명이 정든 고향을 등지고 연해주, 만주, 멀리 하와이 등으로 대거 이주하던 시기이기도 했다. 그런 사람들 중에선 의병이나 독립군 부대에 가담해 조직적으로 항일 투쟁에 나서는 젊은이들도 헤아릴 수 없이 많았다.

그런 시대였으나 아직 나이가 어렸으며 세상 물정을 쉽게 알지 못했던 수돌은 국권 상실에 따른 울분이라든가 저항 정신, 생존 경쟁에서 이기려는 사회적인 흐름과는 어느 정도의 거리를 두고 있었다. 그는 자연의 경이로움과 아름다움에 관심이 많았고 본능적으로 생태를 지키려는 마음씨를 가지고 있었다. 부모님과 집안 어른들의 영향을 받아 인간이 본래 가져야 할 인륜을 지키며, 생명을 존중하려는 사상도 깊이 간직하고 있었다. 그런 나머지 여느 아이들과는 다른 태도를 보인 적이 많아 마을 사람들을 당황하게 만들었다.

그의 어머니 장씨 부인이 그를 잉태하게 된 계기부터가 남달랐다. 어느 날 장씨 부인은 꿈속에서 한 스님을 만났다. 스님의 오른손엔 육환장이, 왼손엔 오색영롱한 두 개의 구슬이 담긴 유리 항아리가 들려 있었다. 장씨 부인은 저도 모르게 합장 반배를 올렸다. 그러자 꿈속의 스님이 슬며시 웃으며 말했다.

"보살님, 이걸 받으십시오."

얼떨결에 유리 항아리를 받아 든 장씨 부인이 물었다.

"스님, 이게 대체 무슨 물건인지요?"

"문수보살께서 주시는 선물입니다. 잘 간직하면 집안에 좋은

일이 생길 것입니다."

불심 깊은 장씨 부인은 문수보살이 주신 선물을 전해 받는 순간 환희심이 일어났다.

"문수보살님이 어찌 이처럼 귀한 것을……."

깊이 감동한 장씨 부인이 고개를 들었을 때 노스님은 어느덧 오간 데 없이 사라졌다. 장씨 부인은 이상한 일도 다 있다며 유리 항아리를 품에 안았다. 그리고 온갖 새들이 찾아와 요란하게 짖어대는 소리에 눈을 떠보니 꿈이었다. 이미 4남매를 출산한 장씨 부인은 그게 다섯째 아이의 태몽이라는 걸 직감했다.

부인은 그때부터 몸가짐을 더욱 조심했다. 4남매를 잉태할 때도 태교胎敎에 힘쓰라는 스님들의 분부대로 했는데, 이번엔 태몽으로 문수보살의 항아리선물까지 받게 된 것이니 더욱 몸가짐과 마음가짐을 조신하게 했고, 불자들의 오계를 지키려고 애썼다. 육식은 물론 절집에서 금기시하는 파, 마늘 등 훈채葷菜는 일절 입에 대지 않았다. 틈나는 대로 절에 찾아가 정성껏 기도했다. 뿐만 아니라 집안 형편이 어렵긴 하지만 여러 불사에 수희동참隨喜同參하여 공덕을 닦아 나갔다.

그 후 열 달 만에 태어난 아이가 수돌이었다. 영험한 태몽과 정성스런 태교 덕인지 수돌은 예지력이 있었고 누가 가르쳐 준 일도 없는데 부처님의 가르침을 몸소 실천해 나갔다.

수돌이 세 살 때의 일이다. 공교롭게도 집안에 수돌과 어머니

두 사람만 있을 때였다. 이제 걸음마를 시작한 수돌이 어머니의 손을 붙잡더니 다짜고짜 밖으로 나가자고 보챘다.

"무슨 일인데 그러니?"

아직 발음이 서툰 수돌이 답했다.

"밖에…… 나가요…… 지금."

장씨 부인은 영문도 모른 채 수돌에게 이끌려 바깥으로 나가는 수밖에 없었다. 그런데 이게 웬일인가. 얼마 지나지 않아 움막 뒤로부터 검은 연기가 피어오르는가 싶더니 곧이어 커다란 불꽃이 일어나 초가지붕에 옮겨 붙었다. 불길은 겉잡을 새 없이 오두막 한 채를 모조리 태워버렸다.

밖에 나갔다가 돌아온 수돌의 아버지가 어찌된 영문인지를 물었다.

"수돌이가 다짜고짜 나가자고 보채기에 따라 나섰더니 금세 불이 나지 뭐예요. 이 아이의 말을 듣지 않았더라면 꼼짝없이 죽을 뻔했어요."

아버지는 안도의 한숨을 쉬며 수돌의 머리를 쓰다듬어 주었다.

"허허, 기특한 녀석. 덕분에 너뿐만 아니라 네 어머니가 살아났구나."

그런 화재에도 불구하고 수돌 일가는 멀지 않은 곳에 금세 초가 한 채를 지어 옮겨 살았다. 화전 생활에 익숙한 화전민들의 적응능력은 그럴 때 빛을 발하는 법이었다.

어머니를 화마로부터 구한 수돌은 그 뒤에도 부모님과 이웃 어른들을 놀라게 한 적이 많았다. 이를테면 이웃 노인들을 만나면 불자들이 그러하듯 합장하여 인사를 드리고는 했다. 그럴 때 어른들은 크게 웃으며 말했다.

"허허허, 수돌아. 꼭 동자승이 절하는 것 같구나. 너 이담에 출가하면 중노릇 잘하겠다."

그러나 수돌의 하는 짓이 스님들과 닮았다는 이야기는 그의 부친을 거북하게 만들었다.

"이놈. 절에 사는 스님들이나 그렇게 절하는 거다. 양반이 어찌 그렇게 절을 한단 말이냐?"

"하지만 아버지……."

"듣기 싫다. 애비 말을 명심하도록 해."

수돌의 아버지는 비록 가문은 몰락했으나 양반의 후예라는 자존심을 버리지 않았다. 그런 영향으로 수돌 형제들은 찢어지게 가난한 형편임에도 일찍이 진부에 있는 서당을 다니며 학문에 눈을 떴다. 당시 시대 상황으로는 신학문을 익히는 게 마땅했으나 강원도 산골에선 아직 그런 혜택을 누리지 못했고 대신 서당에서 익히는 한학으로 학문에 대한 갈증을 달래야 했다. 김자옥 공은 그렇게 해서라도 아들 형제들이 출세하기를 바랐던 것이다.

수돌이 서당을 다니기 시작한 것은 일곱 살 되던 1917년부터였다. 형들을 따라 진부면에 소재한 서당을 다니며 천자문, 동몽선

습, 사서삼경 등을 배우기 시작한 것이다. 수돌의 집에서 서당까지는 빠른 걸음으로 두 시간 반, 왕복 다섯 시간이나 걸렸지만 산골 아이들에게 그 정도는 그다지 먼 거리가 아니었다. 집을 출발해 산골에서 만나는 풀과 나무들을 눈여겨보고 온갖 새소리에 귀를 기울이다 보면 어느새 서당에 도착하고는 했다.

조선총독부는 수돌이 태어나던 해인 1911년 8월에 조선교육령을 제정한 뒤 전형적인 식민지 교육정책을 펼쳐 나갔다. 조선교육령의 골자는 조선인을 일본의 충량한 신민臣民으로 양성하는 데 바탕을 두었다는 점이다. 당연히 일본인 학생들에 비해 차별 교육이 이뤄지고 있었다.

조선교육령에 따르면 조선인 학생들의 교육 범위는 보통교육, 실업교육, 전문교육 과정으로 한정되었으며, 고등교육에 대한 규정은 아예 두지 않았다. 다시 말해 지금의 대학 과정이 없었던 것이다. 한반도 내의 조선인 학교와 일본인 학교의 명칭도 서로 달랐으며, 수업 연한 및 내용도 차이가 있었다. 일본인 학생들에겐 고등교육 이상의 기회를 부여했으나 조선인 학생은 전문 기술 교육만 받게 하고 하급직 또는 현장 실무자로 일하게 하는 데 목표를 두었던 게 당시 실정이었다.

그나마 신학문을 익힐 수 있는 보통학교가 전국 484개교에 불과해 벽촌 아이들은 그때까지도 전통 서당에 다니며 학문적인 갈증을 해소하는 수밖에 없었다. 수돌의 형제들도 마찬가지였다.

어려운 여건에서나마 자식들이 출세하기를 바라는 건 모든 부모들의 한결같은 소원이리라.

"수돌아, 너도 형들처럼 공부 열심히 해서 출세를 해야 한다. 알 겠냐?"

이렇게 부모님이 물으면 수돌은 머뭇거리지 않고 대답했다.

"알겠어요. 열심히 글을 외울 것이니 아버지, 어머니께선 아무 걱정 마세요."

대답은 이렇게 시원하게 했으나 실제 행동은 그렇지 않았다. 숨바꼭질을 할 나이에 가부좌를 틀거나 흙 반죽으로 불단을 만들고 돌멩이를 주워 탑을 쌓고는 했다. 어느 때는 꽃과 과일을 불단에 올리는가 하면 개미와 물고기 등 살아 있는 생명체를 지키는 데 안간힘을 썼다.

그의 아버지 김자옥 공은 이따금 웅덩이나 계곡을 찾아가 물고기를 잡고는 했다. 산골 마을에서 생산하는 작물이라는 게 극히 제한적이라서 산나물을 채취하거나 계곡에서 물고기를 잡아 어죽으로 생계를 잇는 일은 당시 마을 남정네들의 일상이나 다름없었다. 화전민이 겨우 키우는 감자, 옥수수, 조, 귀리 등의 작물에 비해 산골에서 잡히는 꺽지, 버들치, 붕어, 모래무지, 은어 등은 별식이자 체력을 뒷받침해 주는 훌륭한 보양식이었다.

하지만 본능적으로 그런 일을 싫어했던 수돌은 수렵하러 나가는 아버지를 슬그머니 따라가 들통에 들어 있는 물고기를 아버지

몰래 풀어 주고는 했다. 어느 때는 아예 그물이나 족대에 걸린 고기를 노골적으로 풀어 주었다. 그리고 그 일을 들켜 야단을 맞은 적이 한두 번이 아니었다.

"이 녀석! 애비가 그 고기들을 어떻게 잡은 것인데 냉큼 풀어 줬단 말이냐?"

"살아 있는 물고기들이 불쌍해서 그랬어요. 제발 고기 잡지 마세요."

"허 그놈, 날마다 답답한 소릴 하는구나. 이런 거라도 잡아먹지 못하면 온 식구가 굶어 죽는 걸 몰라서 하는 소리냐?"

수돌 또한 그런 사실을 모르는 게 아니었으나 집에서 키우던 가축을 잡아먹거나 물고기로 매운탕을 끓이는 게 영 마땅치 않고 입맛에도 당기지 않았다. 대신 어려서부터 먹었던 메밀국수는 무척 좋아해 훗날 큰스님으로 추앙 받을 무렵에도 제자들이 국수집으로 모시면 아이처럼 흡족해 했다.

아버지의 꾸중에도 아랑곳없이 어린 수돌이 따졌다.

"감자나 옥수수도 맛있는데 꼭 물고기를 잡아먹어야 하나요?"

"아이구, 속 터져. 너 앞으로 애비한테 그런 잔소리하면 종아리 맞을 각오해라. 알아들었어?"

이럴 때 수돌은 회초리를 맞을지언정 자기 고집을 꺾지 않았다. 또래의 동무들이 마을 뒷산에 올라가 새 집을 찾아내 갓 부화한 새들을 잡거나 산토끼를 잡을 때도 쫓아다니며 만류하기에 바

뺐다.

하루는 아이들이 도랑의 위아래를 막고 아래쪽에서 물을 퍼내고 있었다. 물이 점점 줄어들자 그 안에 갇혔던 물고기들이 펄떡펄떡 뛰어 오르며 살기 위해 안간힘을 썼다. 그때 수돌이 위쪽의 둑을 무너뜨려 물이 흐르게 했다. 그 사실을 목격한 아이들이 소리를 질렀다.

"야, 인마! 뭐하는 거야? 왜 일을 망치느냐구."

"그렇게 살아 있는 물고기들을 마구 잡는 건 옳지 않아!"

수돌이 이런 말을 하면 아이들은 답답해 죽겠다며 가슴을 쳤다.

"아이구, 저 멍충이. 앞으로 넌 이런 데 따라다니지 마."

그래서 그는 동무들과 말타기, 사방치기, 자치기, 숨바꼭질 등의 놀이 외에는 혼자 놀 때가 많았다.

서당에 다니며 사서삼경을 배우던 수돌은 공부가 깊어질수록 답답함을 느꼈다. 인간으로서 예절과 도리를 지킬 뿐만 아니라 인생 자체를 탐구하기에는 유교 사상이 한계가 있다고 여겨졌기 때문이다. 어려서부터 이미 절집의 습의習儀를 보여주던 그에겐 당연한 일이었는지 모른다.

수돌의 아버지는 절이라든가 스님이란 말을 들으면 질색을 했다. 그의 아우 중 한 사람이 출가를 하여 온 가족을 충격에 빠뜨린 일 때문이었다. 그 아우가 출가하려는 뜻을 밝히자 부모들은 물론 일가친척 모두가 반대했다.

"우리처럼 뼈대 있는 가문 출신이 머릴 깎고 중이 되다니 절대 허락할 수 없다."

하지만 이런 반대를 무릅쓰고 굳이 출가해 머리를 깎자 이젠 아예 호적에서 파내야 한다며 성토를 해댔다.

그런 삼촌 현원玄源 스님이 월정사에서 지낸다는 소식을 듣고 난 수돌이 어느 날 삼촌을 찾아갔다.

"너 수돌이가 아니냐? 여긴 웬일이야?"

현원 스님이 반색하자 수돌이 대답했다.

"그냥 삼촌이 이 절에 계신다기에 놀러왔어요."

현원은 수돌에게 속가 가족들의 안부를 일일이 묻고는 구름 한 점 보이지 않는 하늘을 물끄러미 올려다보았다. 그때 수돌 또한 하늘을 보고 있는 삼촌의 얼굴을 무심코 바라보았다. 출가하기 전보다 훨씬 맑고 평안해 보이는 삼촌의 모습이 신기하면서도 부러웠다. 수돌이 잠시 사이를 두었다가 속내를 밝혔다.

"저 출가해서 스님이 될까 봐요."

"왜?"

"그냥 스님들의 모습이 좋아 보여서요. 삼촌도 그렇구요."

"너 그런 말은 입 밖에도 꺼내지 말거라."

"왜요?"

"우리 집안에서 출가해 중이 되는 것은 나 하나로 충분하다.

너마저 출가하겠다면 네 아버지가 아마 다리몽둥이 부러뜨릴 거다."

스님 삼촌에게 이런 충고를 듣고 나서도 수돌의 출가 욕구는 좀체 가시지 않았다. 수돌은 서당에서 익히고 있던 사서삼경四書三經에 대해 생각해 보았다. 유교의 기본 경전인 사서삼경은 결국 수신修身에서 평천하平天下에 이르기까지의 길, 인의예지仁義禮智를 일깨워 주는 학문이다.

유학을 배우고 익히는 것은 나무랄 일이 아니었으나 개화기를 거친 지 오래인 당시의 시대 상황으로는 어울리지 않는 학문이기도 했다. 이미 1894년에 일어난 동학농민운동과 이에 영향을 받은 갑오경장에 따라 과거제도가 폐지되었고 대신 각급의 신식 학교들이 전국 각지에 세워졌다. 과거시험이 없어졌으니 관직에 나아가려면 유학이 아니라 신학문을 익히는 게 지름길이었다. 하지만 깊은 산골마을 출신의 수돌에겐 신학문이 언감생심이었다.

더구나 수돌은 인간 존재에 대한 사유와 세상을 올바르게 사는 길을 모색하고 있었다. 그것은 유학이나 신학문으로는 접근할 수 없는 사유의 세계였다.

출가
결심

그러던 어느 날이었다.

한 스님이 그의 집으로 탁발托鉢을 나왔다. 당시엔 속세든 산간 사찰이든 식량이 절대적으로 부족해 스님들의 탁발이 일상화된 때였다. 그의 집을 찾은 이는 오대산 상원사에서 수행하던 양혜운梁慧雲 스님이었다. 그 무렵 수돌의 집은 월정사에서 가까운 곳으로 옮긴 때여서 월정사뿐만 아니라 상원사 스님들이 이따금 찾고는 했다.

수돌은 혜운을 보자 삼촌 현원 스님의 모습을 자연스레 떠올렸다. 당시 현원은 월정사에서 서너 해를 머물다 남녘의 어느 사찰인가로 떠나간 뒤였다. 월정사를 떠난 뒤로 소식이 끊겼지만 아마도 어딘가에서 혜운처럼 탁발을 하고 다닐 게 분명했다.

혜운을 처음 보게 된 수돌은 삼촌에게 하듯 합장하며 고개를 숙였다.

"허허! 기특하구나. 넌 스님한테 합장 반배하는 걸 어디서 배웠느냐?"

수돌은 딱히 대답할 말이 없었다. 스스로 생각해봐도 어려서부터 합장으로 인사를 했으나 그런 예법을 누군가로부터 제대로 배운 일이 없었기 때문이다. 수돌이 머리를 긁적이자 혜운이 혼잣말처럼 중얼거렸다.

"넌 중이 될 상이로다."

그 말을 듣고 난 수돌이 물었다.

"제가 스님이 된다구요?"

"그렇다."

"그런데 스님이 되면 뭐가 좋을까요?"

"글쎄다. 속세에서처럼 부귀영화를 누리진 못할 것이니 좋을 건 없겠지."

"그럼 제 관상이 좋지 않다는 말씀이신가요?"

"허허허! 넌 스님이 관상이나 보고 점이나 쳐주는 사람인 줄 아는 게냐?"

"그런 건 아니지만 장차 부귀영화를 누릴 일도 없다면 스님이 되는 게 좋은 팔자는 아니잖아요?"

수돌이 묻자 혜운은 부처님 이야기로 화제를 돌렸다.

"너, 부처님이 어떤 분인지 아느냐?"

수돌은 절에서 본 불상을 떠올렸지만 부처님에 대해선 자세히 알지 못했다.

"잘 모릅니다."

수돌이 답하자 혜운이 빙긋 웃은 뒤 답했다.

"부처님은 궁궐에서 왕자로 태어나 어려서부터 부귀영화를 누리신 분이다. 그런데 네 나이쯤 되었을 때 사람들이 태어나서 늙고 병들어 죽는 걸 보고는 어떻게 살아야 할지 고민하다가 출가하여 마침내 깨달음을 얻고 인류의 스승이 되신 분이다. 그러니 출가해 중이 되는 건 부처님의 제자로 사는 길이고 그 길은 부귀영화를 누리는 것보다, 임금이 되는 것보다 훨씬 값진 게 아니겠느냐?"

혜운의 설명을 듣고 난 수돌은 가슴 깊은 곳에서 용솟음치는 게 있었다. 말로 표현하지 못할 환희심 같은 게 일어났다. 그때 혜운이 다시 입을 열었다.

"옛날 청나라에 순치황제란 분이 황제를 그만두고 출가하면서 지은 시가 있단다. 그 중에 백년삼만육천일百年三万六千日이 불급승가반일한不及僧家半日閒이란 대목이 있는데 이게 무슨 뜻인지 알겠느냐?"

수돌이 조심스레 답했다.

"……그러니까 '백년 삼만 육천 날이라 한들 승가의 반나절에 미치지 못하는구나'란 뜻이 아닐까요?"

"허허. 너 글을 좀 아는 모양이구나."

수돌은 겸연쩍어하며 서당에 다니는 이야기를 했다.

"여긴 서당이 없어 진부까지 오가며 글을 배우는데 요즘은 사서삼경을 읽고 있어요."

수돌이 사서삼경 운운하자 혜운은 더욱 놀라는 눈치였다.

"그래? 사서삼경을 배우는 중이면 네 부모님의 정성이 보통은 아니시다. 아무튼 그 시는 순치황제의 출가시라 하는데 불가에서 아주 유명하다. 출가해 스님으로 사는 게 그만큼 값지다는 뜻이다."

"황제라면 이 세상을 다 가진 것이니 부족한 것도, 부러울 것도 없을 텐데 그런 시를 지었단 말인가요?"

"그렇단다."

수돌은 고개를 끄덕이면서도 순치황제가 어떤 사람이었는지 궁금해졌다. 수돌이 태어나기 몇 해 전에 이미 황제의 자리에서 쫓겨난 고종이나 고종의 뒤를 이었다는 순종에 대해서도 잘 몰랐으니 중국 청나라의 순치황제를 모르는 건 당연한 일이었다.

"순치황제는 어떤 분이기에 출가를 했나요?"

"순탄치 않은 인생을 살았어. 여섯 살 때 황제가 되었다가 스물네 살 땐 출가해 스님이 되었다니 말이야."

수돌은 혜운의 입만 멍하니 바라볼 뿐이었다. 여섯 살에 황제가 된 것도 놀랍지만 스물네 살 때는 무슨 일이 있었기에 궁궐을 떠나 스님이 되었는지 여간 궁금하지 않아서였다. 그런데 출가한 뒤 '속세에서 백년을 사는 것보다 출가해 한나절을 사는 게 낫다'는 시를 썼다니 정말 출가해 스님이 되는 게 그리도 훌륭한 일일까 싶었다.

아무튼 그날 수돌은 부처님과 순치황제에 관한 짤막한 이야기를 듣고 난 뒤로 출가에 대한 열망 같은 게 차츰 가슴 깊숙이 자리 잡기 시작했다.

이듬해, 수돌의 나이 열여섯 살 되던 해였다. 정월 초하루를 맞아 차례를 지내고 난 장씨 부인이 쌀과 떡, 과일 등을 종류마다 보자기에 담아 들기 좋게 매듭을 지었다. 오대산 상원사로 정초 기도를 다녀오려는 준비였다. 수돌의 작은누이 향순도 어머니를 따라나섰다. 문득 호기심이 생긴 수돌도 어머니, 작은누이와 함께 상원사에 따라갈 작정이었다.

설 명절 때 절에 가는 일은 좀 남다른 느낌이었다. 월정사 부근 수돌의 마을에서 상원사까지는 약 20리 거리로 바삐 걸으면 두 시간 정도 걸린다. 하지만 짐을 들고 눈길을 걷다 보면 세 시간도 부족한 거리였다.

세 사람은 떡과 과일, 공양미 등을 넉넉히 담은 보자기를 서로 나눠 들고 앞서거니 뒤서거니 길을 떠났다. 아직 매서운 한파가 가시지 않은 데다 며칠 전에 내린 눈이 녹지 않아 길은 생각보다 훨씬 위험했다. 그런 길을 조심스레 걷고 걸어 상원사에 도착하니 장씨 부인처럼 불심 깊은 보살님들이 벌써 여러 명 모여 공양주의 일을 돕고 있었다. 장씨 부인도 팔을 걷어붙이고 후원의 일을 거들었다.

그러는 동안 수돌은 문수전으로 가 삼배를 올렸다. 상원사는 신라 선덕여왕 때 자장율사가 세운 유서 깊은 도량이다. 성덕왕 24년(725년)에 만든 높이 1.67m, 입 지름 0.91m의 상원사 동종(국보 제36호)은 우리나라에서 가장 오래된 종이며 그 소리가 아름답기로도 첫손에 꼽힌다.

조선시대의 상원사는 세조와 얽힌 이야기로도 유명하다. 어느 날, 세조가 상원사로 찾아가 기도한 뒤 오대천의 맑은 물에서 혼자 목욕을 하고 있었다. 그때 한 동자승이 지나가자 세조가 불러 세우고는 등 좀 밀어달라고 부탁했다.

동자승이 아무 말 없이 등을 밀어준 뒤 떠나려고 하자 세조가 근엄하게 말했다.

"얘야, 앞으로 누굴 만나든 네가 임금의 옥체를 씻어주었다는 말은 하지 말거라."

동자승도 웃으며 대꾸했다.

"전하도 어떤 사람에게든 여기서 문수동자를 친견했다는 말은 마시오."

"뭣이? 문수동자라 했느냐?"

문수동자란 말에 화들짝 놀란 세조가 돌아보았으나 동자승은 홀연히 사라진 뒤였다. 세조가 신기한 일도 다 있다며 물 밖으로 나서자 자기 몸 여기저기에 솟아나 심신을 괴롭히던 종기가 씻은 듯이 없어진 게 아닌가. 종기는 조선시대의 임금이나 양반들의

사인死因 중 첫손에 꼽힐 정도의 난치병이었다. 그런 병을 문수보살의 가피加被로 치료한 세조는 화공을 불러 자신이 친견했던 문수동자의 모습을 그리고 조각하게 하니 그 목각상이 바로 상원사의 문수동자상이다. 그리고 세조가 목욕할 때 관대를 걸어두었던 '관대걸이'란 이름도 지금까지 남았다.

수돌은 어머니에게 들었던 상원사 이야기를 떠올리며 법당 마당으로 나서서 도량의 여러 전각을 돌아보고 있었다. 그때 한 스님이 불렀다. 수돌이 한 해 전에 만났던 혜운 스님이었다.

"너 전에 만났던 아이 아니냐? 가만 있자, 네 이름이 김……."

"맞아요, 스님. 김수돌입니다."

수돌은 무의식적으로 합장 반배 후 머리를 꾸벅 숙였다.

"스님, 그간 평안하셨습니까?"

"그래, 그새 많이 컸구나."

혜운은 머리를 쓰다듬어주며 기특해 했다.

"먼 길 오느라 고생했는데 방으로 들어가자."

수돌은 혜운을 따라 요사로 들어갔다. 단정하게 개어 놓은 이불과 베개, 그리고 횃대에 걸린 승복이 수돌의 눈을 사로잡았다. 방 한쪽에 놓인 기다란 다탁도 정갈해 보였다. 혜운은 아직 잔불이 식지 않은 화롯불에 차를 달여 수돌에게 한 잔 건넸다.

"대저 사람은 몸과 마음이 단정해야 장차 성인聖人이 되는 것이다. 내가 전에 네 얼굴이 출가할 상이라 하지 않았더냐?"

수돌이 반색했다.

"그리 말씀하셨어요."

"때가 되면 출가를 하게 될 게다. 막을 수 없는 운명이야."

수돌은 그런 예언을 듣고 나자 한 해 전 혜운을 만났을 때의 일들이 떠올랐다. 무엇보다 순치황제가 지었다는 출가시가 생생히 떠올랐다.

어려서부터 모든 생명을 중히 여겼으며 한편으로는 사람이 왜 살고 어떻게 살아야 하는지 고민이 깊었던 수돌로서는 수행생활과 불교 경전 속에 해답이 있을 것만 같았다. 출가를 한다면 그동안 서당에서 익힌 유학으로는 좀체 채우지 못했던 갈증을 채울 수 있으리라.

수돌은 당장이라도 부모님께 출가 결심을 밝히고 집을 떠나고 싶었다.

하지만 막상 그렇게 하려고 마음먹자 이번엔 출가한 삼촌, 현원 스님의 신신당부가 떠올랐다. 단단히 마음먹지 않으면 단 하루도 견딜 수 없다는 것, 일가친척과 인연을 끊는 것은 당신 혼자만으로 충분하니 꿈에라도 출가는 염두에 두지 말라는 당부였다.

곰곰이 생각하던 수돌이 혜운에게 물었다.

"스님, 출가하면 정말 좋을까요?"

"누구나 다 좋지는 않겠지만 네겐 중이 되는 게 딱 맞을 것 같다. 내가 관상가는 아니지만 네 얼굴을 보니 전생에 큰 도인이었던 게 분명하다.”

“…….”

“출가한 뒤엔 어떻게 살아야 할까요?”

“처음엔 힘든 고비를 여러 번 넘어야 한다. 물 긷고, 밥하고, 방이나 마루 걸레질하고, 마당 쓸고, 산에 올라가 땔감 해 오고, 그러고도 밤에는 경을 읽어야 하며 또 새벽 일찍 일어나 예불을 해야 하니 단 한 순간도 편할 틈이 없을 것이다. 그게 수행의 시작이니 그런 고비를 넘길 각오 없이는 아예 출가할 생각을 말아라.”

그 말을 듣고 난 수돌은 그만 벌어진 입을 다물지 못했다. 출가해 중이 된다는 게 그토록 힘들고 어려울 줄은 미처 생각지 못했기 때문이다.

“어떠냐? 중노릇하는 게?”

수돌은 한동안 대답하지 못했다.

대답을 궁리하던 수돌의 뇌리에서 다시금 순치황제의 출가시가 떠올랐다.

“그런데 순치황제는 왜 세속에서 백년을 살더라도 출가해 한나절을 사는 것보다 못하다고 했을까요?”

“그러게 말이다. 나도 중이 되어 20년 가까이 살아봤지만 썩 옳은 말 같지는 않더라.”

수돌은 혜운의 답변이 점점 혼돈스러웠다.

“고민하지 말고 시절 인연에 맡겨라. 그러면 저절로 이뤄질 것이다.”

“네에, 스님.”

수돌은 혜운의 알쏭달쏭한 말을 이해하지 못한 채 힘없이 대답했다. 그러고도 출가에 대한 미련을 떨쳐낼 수가 없었다. 비록 처음엔 험하고 궂은 일이 많다지만 누구나 그런 과정을 거쳐야 한다면 마냥 겁먹을 일은 아니었다. 만약 출가를 한다면 혜운과 같은 훌륭한 스승의 제자가 되려는 마음도 들었다. 하지만 가족들에게 그런 뜻을 쉽게 밝힐 수는 없었다. 부모님과 집안 어른들이 이구동성으로 반대할 게 분명했다. 그렇다고 슬그머니 행방을 감추는 것도 도리가 아니었다.

그처럼 출가 결심을 쉽사리 밝히지 못한 채 전전긍긍하던 수돌이 자기 마음을 털어놓은 것은 그날 오후였다. 어머니, 누이와 함께 집으로 돌아가던 수돌이 불쑥 말했다.

“엄니, 전 출가를 하고 싶어요.”

장씨 부인이 화들짝 놀라며 물었다.

“뭐, 출가를 해? 네가 머리 깎고 스님이 되겠단 말이냐?”

“네에.”

수돌이 거리낌 없이 답하자 이번엔 작은누이도 나섰다.

“어머! 네가 삼촌처럼 스님이 되겠다구?”

“응!”

“지금 집안 어른들이 삼촌 이름을 호적에서 파내겠다며 벼르고 계신 걸 몰라?"

"나두 잘 알아."

작은누이가 다시 물었다.

"그런 마당인데 출가를 하겠다구?"

수돌은 아무렇지도 않은 듯 답했다.

"하지만 그깟 호적에서 파내는 게 무슨 대수야?"

유교 사상이 지배하던 당시만 해도 글 좀 읽었다는 청년이 출가하는 건 굉장한 선각자이거나 미친 짓으로 취급받아 마땅했다. 하긴 숭유억불 정책으로 인해 5백년 넘게 도성출입마저 제한되었고 더구나 팔천八賤 중에서도 가장 천한 신분으로 대접받았던 게 승려였으니 출가의 뜻을 미리 밝힐 일은 아니었다. 그냥 쥐도 새도 모르게 행방을 감췄다가 먼 훗날 신분이 드러나면 모를까…….

그런데 작은누이가 뜯어말리자 수돌의 출가 욕구는 더욱 단단해졌고 심지가 굳어졌다. 어머니와 작은누이한테 출가할 뜻을 밝힐 때만 해도 작은 돌멩이 하나쯤 던져보는 심정이었으나 막상 속내를 드러낸 뒤에는 그 결심이 맹렬해지는 것이었다.

"날마다 동냥이나 다니는 게 뭐가 좋다고 출가를 해?"

작은누이가 다시 물었다.

"스님이 된다 해서 날마다 동냥만 하러 다니겠어? 첨엔 나무해 오고 군불 때고 마당 쓸고 절에서 생기는 온갖 궂은일을 다 해야 한대. 그게 도를 닦는 시작이래."

작은누이는 어이가 없다는 얼굴이었다. 그때 어머니가 물었다.

"그런 생각을 갑자기 왜 했느냐?"

"오래 전부터 마음에 품었던 것인데 아까 혜운 스님이 불을 질렀어요."

"하긴 넌 어려서부터 스님들처럼 살긴 했다. 산목숨 죽이지 못하고 고기반찬은 입에도 대지 않더니……."

"허락해 주세요, 어머니."

"어미가 네 뜻을 따른다 해도 아버지가 펄쩍 뛰실 테니 어쩌면 좋겠니?"

작은누이 향순도 고개를 끄덕였다.

"맞아. 몽둥이찜질 당하기 싫으면 아버지 앞에선 입도 뻥긋 하지 마."

수돌 또한 아버지의 완강한 반대를 예상했으나 당장엔 설득할 방법이 없었다. 슬며시 가출을 하면 모를까…….

수돌 일행이 집에 도착했을 때는 산골마을의 짧은 겨울해가 뉘엿뉘엿 기울기 시작했다. 울창한 나뭇가지들 사이로 모락모락 연기가 피어오르고 있었다. 수돌의 어머니도 날이 완전히 저물기 전에 밥을 지으려고 부지런히 손을 놀렸다. 시집 간 큰 딸과 경성으로 가 취직한 큰아들, 둘째아들을 빼고도 일곱 식구의 끼니를 챙기는 일이 여간 분주한 게 아니었다. 보리밥 한번 마음 놓고 해

먹을 수 없는 형편이니 정월 초하루부터 강냉이 죽이라도 끓일 수 있는 게 다행이었다.

그런 터여서 수돌이 출가를 하겠다는 건 서운하면서도 한편으론 고마운 일이기도 했다. 하지만 그 아이도 형들처럼 도회지로 나가 직공이 되거나 관청 같은 데서 서기로 취직하길 바라는 마음이 더 컸다. 그럼에도 수돌이 출가하겠다는 뜻을 굽히지 않는다면 굳이 그 길을 막을 생각은 없었다.

장씨 부인은 수돌의 결심을 남편에게 알리고 동의를 구할까 하는 생각이 들었으나 이내 수돌이 스스로 고할 때까지 기다리기로 했다.

그렇게 1년이 지나간 이듬해 정월이었다. 수돌은 마침내 사서삼경을 모두 떼고 책거리를 마쳤다. 신식학교에 비유하면 졸업식을 가진 셈이었다. 그날 밤, 아버지가 물었다.

"이제 서당 공부도 마쳤으니 어디 취직해 밥벌이를 해야 하지 않겠느냐?"

"훈장님 말씀을 들어보니 면서기 되는 것도 쉽지가 않다더군요."

"그건 왜?"

"요즘은 신학문이다 뭐다 해서 그런 걸 배워야 출세를 한다던데, 제가 배운 한학 가지고는……."

수돌의 말처럼 1894년 갑오경장 때 과거제도가 폐지되었으니 그땐 아무리 사서삼경에 능통하고 공자 왈, 맹자 왈 해봐야 써먹을 데가 없는 것이었다.

"그거 참……."

수돌의 아버지는 길게 한숨을 내뱉을 뿐이었다. 그런 틈을 놓치지 않고 수돌이 오래 전부터 마음에 품었던 이야기를 꺼냈다.

"그래서 드리는 말씀인데 저도 출가를 하려고 합니다."

김자옥 공이 놀라며 되물었다.

"뭐, 출가를 해? 중이 되겠단 말이냐?"

"그렇습니다, 아버지."

"어림없는 소리. 네 삼촌이 출가한 뒤 지금까지 호적을 파내느니 마느니 집안에서 천덕꾸러기 대접을 받는데 그런 소리가 나와?"

아버지의 반응을 미리 예상했던 수돌도 가만히 물러서진 않았다.

"스님이 되는 게 어때서요?"

"팔천八賤보다 못한 취급을 받는 게 중이란 걸 몰라서 하는 소리야?"

"하지만 지금은 달라요. 공자 왈 맹자 왈 할 때가 아니잖아요."

수돌이 제대로 반박하려 하자 김자옥 공은 말을 끊은 채 고함을 질렀다.

"듣기 싫어! 내 눈에 흙이 들어와도 네가 출가하는 건 허락할 수 없어."

그때 수돌은 더 이상 아버지의 마음을 돌리는 게 무의미하다는 걸 깨닫고 자리에서 일어났다. 출가 문제를 둔 부자父子의 대화는 더 이상 없었다.

수돌은 형제들과 기거하는 방으로 돌아가 다시금 자신의 출가 결심이 옳은 것인지 생각해보았다. 하지만 출가 이외엔 내키는 일이 없었다. 자기 자신이 운명적으로 스님이 되기 위해 태어난 것만 같을 뿐이었다. 결국 그날 이후로 출가를 하겠다는 결심이 완전히 굳어졌다. 8남매 중 자신 말고도 형이 둘에, 아우가 둘이 있으니 가문의 대를 이어야 한다는 부담도 없었다.

1927년, 수돌의 나이 열일곱 살 되던 해의 정월 대보름이 지나서였다. 그날 아침 수돌은 부엌으로 들어갔다. 사내들은 부엌에 출입하지 않는 게 당시 사회의 불문율처럼 되어 있어 수돌도 몇 번밖에 드나들지 못한 곳이었다.

"여긴 웬일이냐?"

바짝 마른 잔가지를 아궁이에 넣던 어머니가 물었다. 밥이 익고 있는지 밥솥에서 서너 줄의 물기가 흘러내리는가 싶더니 김이 솟아나기 시작했다. 수돌이 다짜고짜 용건을 밝혔다.

"어머니, 오늘 출가를 해야겠어요."

장씨 부인은 드디어 올 것이 오고야 말았다는 듯한 표정이었다.

"꼭 그러고 싶은 게냐?"

"네에."

"결국 이런 날이 오는구나. 이런 날이……."

"……?"

"널 가졌을 때 태몽을 꿨단다. 한 스님이 문수보살님의 선물이라며 유리항아리를 건네주시는 꿈이었어. …… 출가해 스님이 되는 게 네가 타고난 인연이라면 그 뜻을 어찌 말릴 수 있겠니. 기왕 굳은 뜻을 품고 출가하는 것이니 큰 도인이 되어야 한다."

장씨 부인은 말을 끝내기도 전에 자리에서 일어나더니 돌연 수돌에게 큰절을 올렸다. 너무나 급작스러운 일이라 수돌이 말릴 틈도 없었다.

"어머니, 왜 이러세요? 어서 일어나세요……."

수돌이 몸 둘 바를 몰라 하며 부엌 바닥에 무릎을 꿇고 있는 어머니를 일으켜 세웠다.

"네가 스님이 되려고 집을 나서는 순간부터 너와 나 사이는 어미와 자식이 아니라 한 무지렁이 불자와 덕 높고 지혜로운 스승 사이가 되는 것이다. 그래서 미리 큰절을 올리는 것이니 그 뜻을 잘 새겨두어라."

수돌은 그만 어리벙벙한 느낌이었다. 실로 출가라는 건 자기 한 몸이나 부모형제, 이웃에 머물지 않는, 우주적인 인연이었다.

그날 아침, 수돌은 부모님을 비롯한 가족에게 작별을 고하는 편지를 써서 사랑방에 슬그머니 놓아두었다. 그리고 평소 서당에 다니던 옷차림으로 집을 나섰다.

"오라버니, 어디 가요?"

그가 동구 쪽으로 바삐 걷고 있을 때 동무들과 놀던 누이동생 덕순이 물었다.

"응. 진부에 볼 일이 있어서 가는 게다. 덕순아, 부모님 말씀 잘 듣고 잘 자라서 이담에 요조숙녀가 되어야 한다. 알았지?"

덕순은 느닷없이 무슨 말인가 싶은지 수돌의 얼굴을 물끄러미 바라보기만 했다. 그러다가 하던 놀이에 다시 빠졌는지 수돌에겐 건성으로 답했다.

"알았어요, 오라버니. 잘 다녀오세요."

수돌은 언제 다시 만날지 모를 누이동생과 그렇게 헤어져 상원사를 향해 걷기 시작했다. 부모형제와 이웃들을 영영 떠난다고 생각하니 좀체 발걸음이 떨어지지 않았다. 1년 전 어머니를 따라 상원사를 다녀올 때와는 전혀 다른 길이었다. 모든 사물들이 낯설게 보이기도 했고 저마다 깊은 사연을 간직한 것처럼 여겨졌다. 그럴 때마다 그의 뇌리에서는 순치황제의 출가시가 떠올랐고 그러면 한시바삐 상원사로 가야겠다는 결심이 굳어지고는 했다.

수돌은 몇 시간이나 잔설이 쌓인 길을 조심스레 걸어 상원사에 이르렀다.

당시 상원사에는 한암漢巖 선사가 주석하고 있었다. 한암은 쉰

살 되던 1925년, 2년간 머물던 봉은사 조실에서 물러나 상원사에 정착했다. 그는 봉은사를 떠나면서 "천고에 자취를 감춘 학이 될지언정 춘삼월에 말 잘하는 앵무새의 재주는 배우지 않겠노라."고 했는데, 그 말은 널리 후학들에게 전해져 지금까지 회자되고 있다.

한암은 '천고에 자취를 감춘 학이 되겠다'는 다짐과 같이 상원사에 주석한 뒤 27년 동안 산문 밖을 나가지 않았던 고승이다. 그러나 단 두 번의 예외가 있었다. 한 번은 치통이 매우 심해졌을 때 제자들의 간청을 물리치지 못하고 경성으로 옮겨 며칠 머물렀던 일이며, 다른 한 번은 종단의 일로 통도사를 방문한 것이었다.

한암은 상원사에 주석하면서 이른바 승가5칙僧伽五則을 제정해 월정사, 상원사 대중들이 반드시 지켜야 할 원칙으로 삼게 했다. 승가5칙의 첫째는 참선, 둘째는 염불, 셋째는 간경看經, 넷째는 의식儀式, 다섯째는 가람수호였다. 여기서 짐작할 수 있듯 한암 자신이 선사로 알려졌으면서도 선방 수좌들이 등한시하기 쉬운 염불, 간경, 의식 등을 반드시 익히도록 한 것이다. 덕분에 월정사, 상원사 출신 스님들은 전국 어느 사찰에 가더라도 수행뿐만 아니라 다방면으로 박식하고 불교의식에 밝아 환영을 받았다.

점심공양 때가 조금 지나 상원사에 도착한 수돌이 얼른 문수전으로 들어가 삼배를 올리고 나왔을 때였다. 40대 초반의 한 스님이 지나가고 있었다. 수돌이 조심스레 용건을 밝혔다.

"저어, 혜운 스님을 뵈러 왔습니다만……."

"그 스님은 안 계시네. 얼마 전에 멀리 떠나셨어."

순간 수돌은 온몸의 맥이 풀리는 느낌이었다.

"네에? 작년 이맘때만 해도 계셨는데 어디로……?"

"허허허. 중에게 작년 이맘때라면 먼 과거의 일이지. 며칠 전 동안거 해제를 한 뒤 구름처럼 떠나가셨네."

"그럼 어디로 가셨을까요?"

"경상도에 범어사, 통도사, 해인사라는 큰 절들이 있는데 그 중한 곳에 머물 것이야. 최근 풍문으로는 해인사에 산다는 얘기가있으나 정말 그런지는 나도 모르겠네."

강원도 산골에서 자라난 수돌은 범어사, 통도사, 해인사라는 절들은 이름조차 들어본 일이 없었다. 더구나 그런 절들이 얼마나멀리 있는지도 알지 못했다. 그럼에도 당장 달려가 혜운 스님을뵙고 그의 상좌가 되려는 마음이 굴뚝같았다.

"그런데 무슨 일로 혜운 스님을 찾는가?"

상원사 스님이 물었다.

"출가를 하려고 합니다."

"머리를 깎겠다고? 꼭 혜운 스님께 출가하려는 까닭이 있는가?이곳 상원사만 해도 조선 최고의 선사로 존경받는 한암 큰스님이계신데……?"

그때만 해도 한암에 대해선 법명은커녕 얼마나 큰스님인지 알지 못했던 수돌이 고개를 갸우뚱하다가 제 할 말을 했다.

"전에 혜운 스님을 뵙고 출가를 결심했으니 그 스님의 제자가 되는 게 도리가 아닐까 싶어서요. 그런데 여기서 해인사까지는 어떻게 가야 할까요?"

수돌은 세 사찰 중 가장 최근에 목격되었다는 해인사부터 찾아 갈 생각이었다. 상원사 스님이 빙긋 웃고는 되물었다.

"금강산도 식후경이란 말이 있는데 뭘 그리 서둘러? 점심 공양 은 했는가?"

수돌은 집을 떠난 후 아무것도 먹지 못했다는 생각이 비로소 들었고 그와 동시에 아랫배에서 '꼬르륵' 소리가 났다.

"아직 못 먹었습니다."

수돌이 답하자 상원사 스님은 손수 후원으로 안내한 뒤 한창 설거지를 하던 공양주 보살에게 부탁했다.

"이 젊은 처사가 머릴 깎으려고 왔는데 아직 공양을 못했다 하 네. 식은 밥이라도 남았으면 한 상 차려주게."

경상도 출신의 공양주 보살이 무미건조하게 답했다.

"알겠십니더."

보살은 정말로 식은 밥 한 공기에 김치가 전부인 밥상을 수돌 에게 차려주었다. 그나마 달게 먹고 난 수돌은 해인사까지 가는 방법을 자세히 듣고는 다시 길을 나섰다.

애초 집에서 상원사까지 산길로 걸어갔던 수돌에겐 여비도 없었거니와 당시로선 해인사까지 갈 만한 교통수단도 마땅치 않았다. 결국 걸어서 원주와 제천, 예천, 달성을 거쳐 해인사에 도착하는 수밖에 없었다.

한편 뒤늦게 작별 편지를 읽고 난 수돌의 아버지는 아들의 출가를 기정사실로 받아들여야만 했다.

1만 배의
힘

상원사에서 해인사까지는 보통 걸음으로 열흘 정도의 거리라 했다. 그런데 수돌은 20일 만에야 해인사에 이르렀다. 그동안 떠꺼머리를 잘라 팔아서 노자에 보태기도 했고, 가는 도중에 있는 크고 작은 사찰들을 참배하느라 지체되었던 것이다. 그는 머무는 사찰들마다 출가수행자의 습의를 유심히 살펴보고 마음에 깊이 새겨두었다.

일제강점기였으나 당시만 해도 민초들의 인심이 넉넉해 도중에 숙식을 해결하는 일은 그다지 어렵지 않았다. 그러나 이따금 읍내에서 일본인 순사의 불심검문을 받을 때면 바짝 긴장이 되곤 했다. 대부분의 순사들은 낯선 수돌을 보면 출신지와 행선지를 물었다.

"경상도에 있는 해인사라는 절에 가려고 하오."

"거긴 왜 가나?"

"그 절에 아는 스님이 계신데 그 분께 출가를 할 생각이오."

이렇게 답하면 대개는 별다른 대꾸 없이 훈방해주었다. 때로는 수돌이 들고 있는 보따리를 열어보라며 다그치는 순사도 있었지만 떡이나 주먹밥, 낡은 속옷이 전부인 것을 확인하고는 그냥 보내주었다.

수돌이 출가하려고 길을 나선 건 1927년이었으니 3·1만세운동이 일어난 지도 어언 8년이 지난 때였다. 그 만세운동으로 인해 일제는 표면적으로 무단통치 대신 문민통치를 실시하게 되었다. 그때부터 조선총독부는 한국인들의 시위와 집회 및 종교, 언론의 자유를 어느 정도 허용하는 정책으로 선회했다. 그러나 그 실상을 들여다보면 훨씬 교활한 수단으로 한국인을 감시하고 서로 이간질시켜 나갔다.

3·1운동 후 일본인 경찰관은 기존의 1,500명에서 4,500명으로 증원되었고 한국인 경관은 5,500명으로 늘었다. 그 뒤 1921년에는 1910년대 중반과 비교했을 때 약 3.5배의 증원이 있었다. 이런 사실만으로도 일제의 감시망이 얼마나 촘촘해졌는지 짐작할 수 있다. 뿐만 아니라 잔인한 고문과 폭행으로 악명을 떨치던 고등경찰도 대폭 증원했다. 그들은 전국 각지의 경찰서마다 배치되어 한국인들의 일거일동을 감시하고 있었다. 특히 어느 읍내에서든 장이 서는 날에는 사람들이 많이 모여들었으니 그런 이유로 일경의 감시도 더욱 심해지는 것이었다.

어느 날, 수돌이 상주읍에 이르렀을 때였다. 마침 장날이었는지 곳곳에 천막이 쳐지고 여러 사람들로 붐볐다. 형형색색의 옷가지나 고무신, 생활용품, 새 주인을 기다리는 가축들, 낫과 괭이, 가래, 호미 등의 농기구며, 임시로 들어선 국밥집과 주막, 야바위꾼 등으로 장터는 북새통을 이뤘다. 그런 가운데 장터의 한쪽 구석이 갑자기 소란해졌다. 많은 사람들이 구경거리가 났다며 그쪽으로 모여들었다. 궁금증이 일어난 수돌도 마찬가지였다.

한 촌로가 한국인 순사에게 호된 질책을 받고 있었다. 노인의
옆자리에 장작 여러 묶음이 있는 것으로 보아 땔감을 팔러 나온
모양이었다.

"영감! 다음 장날에도 여기 나왔다간 경을 칠기다. 알았나? 어
서 꺼지지 않고 뭐하노?"

수돌은 노인이 무슨 잘못을 저질렀기에 새파란 순사에게 야단을 맞는 것인지 이해할 수 없었다.

"그래도 무겁게 이 장작을 지고 왔으니 모두 팔 때까지 봐주면 안 되겠노?"

노인이 허리를 굽히며 사정했다.

"이 영감쟁이가 정말 몽둥이찜질을 당하고 싶나? 조선인은 이래서 안 된다니까."

순경이 다시금 다그쳤을 때였다. 보다 못한 수돌이 나섰다.

"거, 무슨 일인지 모르겠으나 아버지뻘 되는 분한테 말씀이 심한 것 아닙니까? 그리고 순사님도 조선인인 듯한데, 조선인은 이래서 안 된다니요?"

그러자 순사는 허리춤에서 빼낸 몽둥이를 수돌한테 겨누며 바짝 다가섰다.

"니는 뭔데 끼어드노? 이 영감쟁이 아들이라도 된단 말이고?"

당황한 수돌이 답변을 하려고 하자 이번엔 주변에 있던 구경꾼들이 이구동성으로 나섰다.

"박 순사. 그 총각 말이 맞구만. 아무리 순사들의 위세가 대단한 세상이지만 어른한테 반말을 찍찍 해대면 쓰겠노? 고마 해라."

"맞다. 같은 조선인끼리 그기 무슨 경우고?"

그러자 박 순사란 사람은 사과를 하는 대신 노인에게 한마디 내뱉고는 슬그머니 자취를 감췄다.

"암튼 빨리 가시오."

그렇게 순사가 멀어지자 구경꾼들은 저마다 노인의 땔감을 한 묶음씩 사주어 금세 동이 났다. 그러자 노인은 방금 전 자신의 역성을 들어주었던 수돌에게 고맙다고 인사한 뒤 다짜고짜 손목을 잡았다.

"어디서 온 젊은인지 모르지만 오늘 고맙데이. 가자! 내가 국밥 한 그릇 대접할게."

수돌은 괜찮다며 여러 번 사양했지만 노인은 고집을 꺾지 않았다. 마지못해 노인을 따라 가던 수돌은 마침 점심때도 된 데다 시장기가 돌기도 했다.

"어딜 가려는 젊은이고?"

객들로 북적이는 국밥집 한 쪽에 자리를 잡고 난 노인이 물었다.

"해인사에 갑니다. 출가하려구요."

수돌은 낯선 이들을 만날 때마다 수없이 되풀이한 답변을 했다.

"무슨 사연으로 출가하는지 모르겠지만 중노릇이 쉽지 않을 낀데?"

"이미 각오를 하고 있습니다."

노인은 안 됐다는 듯 낮게 혀를 차고는 눈길을 시장 쪽으로 돌렸다. 마침 주문했던 국밥이 나와 이야기는 거기서 그쳤다. 푸짐

하게 담긴 머리고기 국밥에서 김이 나오고 있었다. 수돌은 머리고기를 빈 접시에 따로 담아 노인에게 건네며 한마디 했다.

"저는 고기를 안 먹습니다. 어르신이 드세요."

노인이 사양했다.

"아니다. 젊은이가 먹고 힘내야지."

"전 고기를 먹지도 못하지만 중이 되려는 사람이 이런 걸 입에 대서야 되겠습니까?"

수돌이 다시 사양하자 노인은 그제야 수긍했다.

"젊은이가 하도 권하니 먹긴 하겠지만 그리도 깐깐한 걸 보니 나중에 큰스님 될 끼다."

수돌은 빙긋 웃고는 비로소 수저를 들었다. 그럴 때의 국밥 한 그릇이란 위세가 당당한 거부들의 진수성찬보다 훨씬 오랫동안 기억에 간직되는 법이었다.

수돌의 출가 길은 그 자체로 인생 공부이자 수행이었다. 그는 때때로 위기에 빠진, 힘없는 사람을 돕기도 했지만 실은 그들로 부터 도움을 받은 일이 훨씬 많았다. 일제의 핍박 속에서 가난하게 살면서도 인정을 베푸는 사람들에게 그는 감동했다. 어쩌면 그런 순박한 인정 때문에 조선인이 일제의 강제 통치를 받는 게 아닌가 싶기도 했다.

수돌이 집을 나선 지 20여 일 만에 찾아간 해인사는 9세기 초 신라 애장왕 때 창건되었으니 1,200여 년의 역사를 자랑하는 고찰이다. 화엄십찰華嚴十刹의 대표 도량으로 손꼽히는 해인사는 그 이름마저 화엄경에서 유래된 것이다. 화엄경에는 '바다에 풍랑이 쉬면 모든 것이 도장 찍히듯 그대로 바닷물에 비쳐 보인다는 뜻으로, 마음 속 모든 번뇌와 망상이라는 파도가 멈출 때 우주 실상이 그대로 비치는 경지를 해인海印이라 한다.'는 구절이 있는데, 여기에서 해인사라는 사찰명이 비롯되었다. 역사적으로 희랑希朗, 균여均如, 의천義天과 같은 걸출한 고승들이 주석했던 이 가람은 세계문화유산과 국보, 보물 등 70여 점의 유물을 보존하고 있는, 국내 최대 사찰이며 특히 삼보사찰 중 법보사찰로서의 위용을 자랑하고 있다.

해인사에 도착한 수돌은 집을 떠날 때와는 달리 야위고 수척한 표정이었다. 그래도 스님이 되어 도를 구하겠다는 의욕이 담긴 눈동자는 맑게 빛나고 있었다. 출가할 때만 해도 쌀쌀한 겨울이었으나 20여 일이 지난 데다 남녘이라 온화한 느낌이었다. 어느새 초봄의 기운이 완연했다.

수돌은 먼저 해인사 큰 법당인 대적광전에 들어가 삼배를 올린 뒤 밖으로 나섰다. 한 스님이 어디론가 향하고 있었다. 수돌이 부리나케 뛰어가 잰걸음의 그에게 물었다.

"스님, 혜운 스님을 뵈러 왔습니다만……."

"혜운 스님이라면 저 아래 요사채에 계신다네."

수돌은 자신도 모르게 안도의 한숨이 나왔다. 이번에도 어디론가 떠났다는 답변을 들을까봐 걱정하던 중이었다.

"감사합니다."

수돌은 감격하여 그 스님이 가리킨 요사채로 향했다. 막상 건물 앞에 도착했으나 어느 방이 혜운의 처소인지 알 수 없어 마당 가운데서 큰소리로 외쳤다.

"혜운 스님 계신가요? 혜운 스님!"

잠시 후 건물의 가운데쯤에서 한 스님이 문을 벌컥 열어젖혔다. 그는 수돌을 물끄러미 바라보더니 이내 반색했다.

"넌 수돌이 아니냐?"

수돌은 그만 목이 잠길 만큼 감격했다. 그가 천리 길을 마다 않고 찾아간 혜운경윤慧雲敬允은 1891년생이니 속랍俗臘으로는 수돌보다 20년 위였다. 혜운은 열다섯 살에 어머니를 잃고는 속세를 등진 채 이듬해 설봉산 석왕사釈王寺로 출가했다. 그 뒤 스물세 살 때는 부산 범어사에서 성월일전惺月一全 율사로부터 비구계를 받았으며 제방선원에서 수차례 안거했다.

"어떤 녀석이 침묵의 공간에서 소릴 지르나 했더니 네가 왔단 말이냐?"

"네에, 스님."

"그렇게 돌부처처럼 서 있지 말고 어서 들어오너라."

수돌이 이제야 스승을 뵙게 되었다며 방으로 들어서자 혜운이 다시 물었다.

"이 먼 곳까지 찾아왔다면 물어보나마나 중이 될 결심을 했다는 말이렷다?"

"네에."

"정말 출가를 하고 싶으냐?"

혜운이 다짐을 받듯 다시 묻자 수돌 또한 자신 있게 답했다.

"네에, 스님."

"왜 중이 되고 싶으냐?"

수돌은 그만 말문이 막혔다. 늦가을의 낙엽이 바람에 휘날리다 물속에 가라앉을 때처럼 수많은 상념들이 떠올랐다가는 가슴 깊이 침잠하는 느낌이었다. 처음엔 순치황제의 출가시와 그의 곡절 많았던 생애에 흥미를 느껴 막연히 출가생활을 동경했었다. 그러다가 차츰 우주와 인간의 본질에 대해, 모든 사물의 유한함에 대해 생각이 깊어졌다. 봄이 되면 나무에 새 움이 트고 싹이 나지만 여름철엔 신록이 되었다가 가을이면 단풍이 들고 우수수 잎을 떨구는 게 비단 나무들만의 생태는 아니었다. 유기물이든 무기물이든 세상의 모든 사물들은 생로병사의 주기를 거치게 되는 것이었다. 심지어 밤하늘을 총총히 수놓는 별들까지도 생성과 소멸의 법칙에서 예외일 수 없다. 세상은 그처럼 덧없는 것이지만 어떻게 살면 그 무상함을 떨쳐낼 수 있을 것인가. 어떤 마음가짐으로 어떻게 살아야 하는가를 수돌은 분명히 알지 못했다. 출가는 그 미지의 해답을 찾기 위한 첫걸음인 것이다. 하지만 그런 생각은 머릿속에서만 맴돌 뿐, 분명히 답할 수 있는 게 아니었다.

"그건 아직⋯⋯."

수돌이 머뭇거리자 혜운은 목소리를 높였다.

"이놈! 여태 그런 생각도 못하고 여기까지 찾아왔단 말이냐? 그렇게 흐리멍덩한 자세로 출가하려면 당장 고향으로 돌아가거라."

"아, 아닙니다, 스님. 꼭 출가를 하고 싶어서 왔습니다. 지금은 분명히 말씀드릴 수 없지만 열심히 수행하여 답을 얻고자 합니다."

수돌의 말이 끝나자 혜운이 되물었다.

"분명한 이유는 댈 수 없지만 수행을 하여 답을 얻고 싶다?"

"네에, 스님."

"그러면 중이 되면 무슨 일을 어떻게 할 작정이냐?"

"스님, 그것도 자세히 생각해본 적이 없습니다."

"허허! 딱한 녀석이로군. 널 처음 보았을 때 반듯하고 똑똑한 아이다 싶었는데 이제 보니 그게 아닌 모양이다."

수돌은 그 말을 듣고는 부끄럽기도 했고 한편으로는 화가 치밀었다. 그런 놀림을 받으니 당장 자리에서 일어나 고향으로 돌아가고 싶었다. 그러나 차마 내색하진 못하고 어금니를 꽉 문 채 방바닥만 뚫어져라 바라보았다. 한동안 침묵을 지키던 혜운이 다시 물었다.

"어떠냐? 화가 나느냐?"

"네에, 스님."

수돌의 답변을 듣고 난 혜운은 한동안 파안대소를 하고는 진지하게 말했다.

"이까짓 말에 화를 내다니 한심한 녀석이로군. 네가 중이 되면 지켜야 할 일이 많지만 그 중 가장 중요한 게 뭔지 아느냐?"

수돌은 답변을 하는 대신 멍하니 혜운을 바라보기만 했다.

"바로 화를 참는 일이다. 속인들이 화를 참는 건 어려운 일이지만 중들에겐 그렇지 않다. 중들은 하심下心을 본분으로 삼는 사람들이기 때문이다. 마음을 내려놓고 자신을 낮추면 어떤 말을 들어도 화를 참아낼 수 있다. 그러나 부처님을 비방하거나 불법佛法을 훼손하려는 자들의 말까지 참아내선 안 된다. 그런 자들에겐 파사현정破邪顯正의 자세로 분연히 떨쳐 일어나야 한다. 알겠느냐?"

"네에, 스님."

"중이란 부처님의 언행을 배우고 스스로 끝없는 수행으로 부처가 되어 어리석은 중생을 지혜롭고 행복하게 살도록 이끌어 주는 사람이다. 이걸 줄여서 위로는 깨달음을 얻고 아래로는 중생을 제도한다는 뜻의 '상구보리上求菩提 하화중생下化衆生'이라 하느니, 지금 이 나라가 어떤 형편이냐? 네가 서당에만 다니느라 배운 적이 없었겠지만 본래 우리 조선은 수천 년 동안 역사를 이어

오다가 지금은 왜놈들에게 국권을 빼앗기고 그들의 지배를 받고 있는 형편이다…….”

이 말을 듣는 순간 수돌은 아홉 살 되던 해의 일이 아련히 스쳐 갔다. 진부의 서당에 다니던 어느 날이었다. 워낙 외진 산골이라 바깥세상 소식을 듣는 게 쉽지 않은 때였으나 이상한 이야기가 돌아 읍내가 뒤숭숭했다. 경성과 평양에서 만세운동이 일어났고 수만 명의 조선인이 왜놈 순사들의 총칼에 맞아 죽거나 크게 다쳤다는 것이었다. 그 일에 영향을 받아 진부에서도 몇몇 젊은이들이 만세운동을 일으키려고 준비하다가 순사들에게 들켜 끌려갔다는 소문이었다. 수돌은 무엇이 옳고 그른지를 떠나 그런 막연한 소문이 두렵기만 했다. 그 후 좀 더 자라고 나이를 먹은 뒤에야 그때의 일이 일제의 탄압에 맞선 조선민족의 독립운동이었다는 걸 알게 되었다.

수돌은 신식학교에 다니며 신학문과 당대를 지배하던 사상을 듣고 배우지 못한 게 아쉬웠다. 그런 사정이고 보니 혜운 스님의 말씀 한 마디 한 마디가 머릿속에 쏙쏙 들어와 박히는 느낌이었다.

“……내 말을 알아듣겠느냐?”

“네에, 스님.”

“그렇더라도 출가해 중이 되는 것은 네가 생각했던 것보다 훨씬 힘든 일이다. 그래도 중이 되고 싶으냐?”

"네에, 스님."

"그렇다면 내게 그런 의지를 보여 주어라."

수돌이 어리둥절한 표정으로 물었다.

"어떻게요?"

"여기 해인사에는 팔만대장경이라는, 세계에 둘도 없는 보물이
있다. 그 보물이 모셔진 판전으로 가서 1만 배를 올리도록 해라.
너, 절에 다니며 삼배는 해봤느냐?"

혜운의 질문에 수돌은 고개를 끄덕였다. 삼배라면 어머니를 따
라서 해보기도 했고 해인사에 이를 때까지 신세를 졌던 몇몇 사
찰에서도 해봤다. 그러나 1만 배는 상상이 안 되는 숫자였다.

"네에, 스님. 그런데 1만 배를 어찌 해요? 꼭 그렇게 해야만 출
가를 할 수 있나요?"

"물론 다 그런 건 아니다. 다만 나는 오래전부터 상좌를 받을
때 그런 과정부터 거치게 할 작정이었다. 따라서 네가 그럴 자신
이 없으면 1만 배를 안 해도 된다. 당연히 나도 그런 아이를 내 제
자로 받을 생각은 없다."

혜운은 의도적으로 수돌의 가슴에 불을 질렀고 그 의도가 적중
해 수돌에겐 전에 없던 오기가 일어났다.

"아닙니다, 스님. 제가 반드시 1만 배를 올리고 스님의 제자가
되겠습니다. 혹시 숫자를 놓칠지도 모르니 옆에서 지켜봐 주십
시오."

보통 사람이 1만 배를 모두 마치려면 대략 22시간 정도 걸린다. 그러니 큰절 대웅전에서 삼배를 드려 본 게 고작이었던 수돌에게 1만 배란 도전 자체가 불가능하게 여겨지는 숫자였다.

저녁 공양 후 잠자리에 누운 수돌은 온통 1만 배 걱정뿐이었다. 날마다 걷느라 발바닥이 부르트고 물집이 잡혔으며 팔다리 등이 성한 데가 없는 몸이었다. 그런 고통을 딛고 해인사에 도착했더니 1만 배라는 큰 산이 버티고 있는 게 아닌가. 수돌은 1만 배 걱정 때문인지 통증마저 느끼지 못할 정도였다.

"내일 절하려면 여간 힘들지 않을 것이니 어서 자도록 해라."

멀찌감치 떨어져 누운 혜운이 말했다.

"네에, 스님."

수돌은 억지로라도 잠을 청하려고 눈을 감았지만 잠은 좀체 이룰 수 없었다. 그렇게 해인사, 출가의 첫 밤이 깊어 갔다.

이튿날 새벽, 혜운의 인기척에 놀란 수돌은 재빨리 자리에서 일어나 이불을 개어 궤짝 위에 얹어 놓았다. 방문 밖에서 도량석 염불과 목탁소리가 청아하게 울려 퍼졌다. 새벽예불을 위해 혜운이 밖으로 나설 때 수돌 또한 따라 나가려 했다.

"넌 고단할 테니 한숨 더 자거라."

수돌은 그만 안도의 한숨이 나왔다. 혜운 스님이 밝혀놓은 촛불이 바람에 흔들렸다. 수돌은 못이기는 체하며 자리에 주저앉았다. 얼마나 긴장을 했던지 혜운 스님의 발걸음 소리가 멀어지자

맥이 풀리고 말았다. 그러다가 그냥 바닥에 곯아떨어졌다. 그렇게 몇 시간이나 잠들었을까? 그날 수돌이 잠에서 깨어났을 땐 해가 중천을 지나 서쪽으로 기울 무렵이었다. 혜운 스님이 그랬던 것인지 새벽에 개어 놓았던 이불이 그의 몸에 덮여 있었다.

수돌이 화들짝 놀라며 몸을 일으키자 삼매에 잠겼던 혜운 스님이 말을 건넸다.

"일어났느냐? 그만하면 잠은 실컷 잤을 것이니 이젠 씻고 허기를 달래도록 해라."

수돌이 몸 둘 바를 몰라 하며 고개를 숙였다.

"스님, 송구합니다. 잠깐 눈을 붙인다는 게……."

"한창 잠이 많을 때이니 그럴 수도 있다. 하지만 중이 되어서도 그랬다간 날벼락을 맞을 것이다."

"명심하겠습니다."

수돌은 재빨리 잠자리를 걷어 정리하고는 밖으로 나섰다. 세수를 한 뒤 혜운 스님이 따로 차려 놓았던 점심 공양을 마친 것은 오후 2시가 지나서였다. 이윽고 고려대장경 판전 안으로 들어선 수돌은 그 장엄한 풍경에 입을 다물지 못했다. 몽골의 침략으로 나라 전체가 신음에 떨고 있을 때 고려의 집정자들과 지배층들은 어떻게든 민심을 모아 국난을 이겨내자는 데 뜻을 모았다. 어떻게 모을 것인가? 이미 고려는 몽골의 제2차 침략 때인 11세기 초, 팔공산 부인사符印寺에 소장되었던 초조대장경을 소실당한, 뼈아

픈 경험을 가지고 있었다.

불교를 국가 운영의 중심 사상으로 삼았던 고려는 초조대장경 인경본을 토대로 좀 더 세밀하고 정확한 경판을 제작하기로 했다. 그 작업을 하려면 나무를 자르고 켜내며 운반하는 일, 경판을 만드는 일, 경판에 경전 내용을 쓰고 교정하는 일, 각인하는 일 등 수십 년의 시간과 수천 명의 인력이 집중되어야 하고 자연스레 만백성의 이목이 집중될 것이었다. 그런 식으로 민심을 하나로 모아 몽골의 침략을 막아 내자는 게 고려 집권세력의 아이디어였다. 그리하여 16년에 걸쳐 8만여 장의 대장경 판이 만들어져 강화 선원사 등에 보관되었다가 조선 초기에 해인사 장경각으로 이운되었다.

끝이 보이지 않을 만큼 길게 늘어선 서가에 가지런히 정리된 8만여 장의 경판과 장경각 내부의 경건한 공기를 호흡하며 수돌은 새삼스레 불법의 힘을 느꼈다. 그처럼 거룩한 장소에서 출가를 위한 1만 배를 올리는 것은 영광스러운 고역 아닌가.

수돌은 절을 시작했다. 혜운은 그 장소만 안내하고 수돌이 절하는 모습을 잠시 지켜보았을 뿐이다. 1만이란 숫자를 헤아리는 일은 사실상 불가능했다. 그런 데다 수돌이 절하는 걸 지켜보는 것도 별다른 의미는 없었다.

"지금부터 쉬지 않고 내일 이맘때까지 절하면 1만 배쯤 될 것이다. 그러나 쉬지 않고 절만 할 수는 없으니 하루에 일곱 시간씩 사흘 동안 절하면 된다. 내게 1만 배를 보여주기보다 네 자신과의 싸움을 이겨내겠다는 마음으로 절을 하거라."

혜운 스님의 말씀을 새겨듣고 난 수돌은 비로소 자신감을 얻었다. 하루에 7시간씩 나눠서 절하는 조건이라면 목표량을 채우는 게 그다지 어렵지 않겠다 싶어서였다.

그러나 막상 절을 시작하자 1시간(약 450배)을 채우는 것만으로도 온몸이 녹아내릴 듯했다. 처음엔 비 오듯 땀이 솟아 위아래 저고리가 흠뻑 젖더니 나중엔 땀마저 고갈된 것 같았다. 젖은 옷도 차츰 마르기 시작했다. 무엇 때문에 집을 떠나 이런 고생을 해야 할까 하는 회한이 들었고 그러다가도 순치황제의 출가시를 떠올리며 이를 악물고는 했다.

첫째 날엔 오기傲気와 분심忿心이 일어나 이를 악물었다. 그러는 동안 어떤 일이 있어도 하심 해야 한다는 혜운 스님의 충고가 그의 귓전에 환청처럼 들려왔다. 이튿날엔 까닭 없이 눈물만 흘러내렸다. 한없는 눈물 때문에 땀도 나오지 않았다. 그리고 마지막 날엔 수돌 자신의 심신뿐만 아니라 세상의 모든 사물이 평온하게 느껴졌다. 말로 표현할 수 없는 평화롭고 환희로운 기운이 일어나 그의 주변을 감싸는 느낌이었다.

그가 1만 배를 채우는 동안 혜운은 가끔 오가며 시간을 일러주는 게 전부였다.

"이제 한 시간만 더 하면 된다."

처음엔 22시간을 어찌 채우나 까마득하더니 끝낼 시간이 다가올 무렵엔 이미 시간을 초월한 상태가 되어 버렸다.

수돌이 사흘째 되는 날까지 1만 배를 꼬박 채우자 혜운이 말했다.

"이제 넌 중이 된 것이나 다름없다. 정식으로 계를 받는 절차가 있으나 그건 말 그대로 절차일 뿐이다. 앞으로 힘든 일이 닥칠 때마다 여기 판전에서 이를 악물고 1만 배를 올렸던 일을 기억해라. 제아무리 힘든 일이 있어도 오늘의 초발심으로 1만 배를 올렸을 때보다 힘들진 않을 것이다. 설사 지치고 성이 나는 일이 생기더라도 1만 배의 공덕으로 능히 헤쳐 나갈 수 있을 것이다."

며칠 동안의 휴식으로 몸을 추스른 수돌은 1927년 2월 8일 아침, 해인사 대적광전에서 혜운 스님을 은사로, 남전한규南泉翰圭 노사를 계사로 하여 사미계를 받았다.

수돌에게 계를 내린 남전은 1868년 합천에서 태어난 고승으로 평소 애국심이 뛰어나 일제의 탄압을 막는 데 앞장섰다. 그는 만해 한용운을 전폭 지원해 주었다는 이유로 일경의 감시대상이 되기도 했다. 선학과 교학을 겸비한 수행자였던 남전은 성월性月, 도봉道峰, 석두石頭, 적음寂音, 한암漢巖 등과 함께 선학원을 창건하는 데 크게 이바지했고 속가의 논밭을 아낌없이 희사하여 당시 불교계의 중흥을 이끌었다.

사미계는 10계라고도 한다. 불자들이 기본적으로 지켜야 할 5

계에다 5계를 더해 열 가지 계율로 이뤄진 까닭이다. 다시 말해 불살생계不殺生戒, 불투도계不偸盜戒, 불사음계不邪淫戒, 불망어계 不妄語戒, 불음주계不飮酒戒의 5계에다 향유를 바르거나 머리를 꾸 미지 말라는 부도식향만계不塗飾香鬘戒, 노래하고 춤추는 것을 보 지도 듣지도 말라는 불가무관청계不歌舞觀聽戒, 높고 넓은 평상에 앉지 말라는 부좌고광대상계不坐高廣大床戒, 정오가 지나면 먹지 말라는 불비시식계不非時食戒, 금은보화를 지니지 말라는 불축금 은보계不蓄金銀寶戒의 5계를 합쳐 사미계(10계)라고 한다.

이날 수돌은 불가의 법도에 맞는 절차에 따라 삭발을 한 뒤 승 복으로 갈아입었다. 파르라니 깎은 머리에 아직은 어색해 보이는 승복이 갓 출가한 사미승다워 보였다. 그날 수돌은 10계를 받아 지니고 성우盛祐라는 법명을 받았다. 오늘날 일반적으로 그를 호 칭할 때 사용되는 자운慈雲이란 이름은 나중에 지어진 그의 법호 이다.

자운은 계를 받은 뒤 서원게誓願偈를 읊어 은사와 계사의 깊고 큰 은혜에 보답할 것을 맹세했다.

我今佛前受禁戒　제가 이제 부처님 앞에서 계를 받사오니
十方諸佛作證明　시방제불이시여, 증명하소서
從今已後至正覺　지금부터 완전한 깨달음에 이를 때까지
萬死身命終不犯　목숨이 만 번 다하더라도 계를 지키겠습니다.

여느 사람이라면 엄두도 내지 못했을 1만 배의 고행을 묵묵히 성취하고 사미계를 받아 지닌 자운의 감회와 각오는 남다른 것이었다. 아직 비구계를 받을 때까지 더 많은 습의와 수행, 그리고 비구로서 갖춰야 할 지식의 습득이 필요할 터였다.

자운이 몇 시간에 걸쳐 사미계를 받고 난 직후였다. 계사였던 남전 노승이 『범망경』 앞부분의 대목을 인용해 계율의 중요성에 관해 설했다.

"경전에 이르기를 '중생이 부처님의 계를 받으면 바로 부처님 지위에 들어간다.'는 대목이 있다. 그럼 부처님의 계란 무엇이겠느냐. 다만 중생의 마음이 그것이요, 마음 밖에 따로 그런 법이 있는 게 아니라고 했다. 제 마음을 깨달은 것을 부처라 이름하며, 규범을 따라 지니는 것을 법이라 이름하며, 심성이 화합하여 하나 되는 것을 승이라 하는 것이다. 그리고 심성이 원만하고 청정하기 때문에 계戒라 하고, 고요하면서 항상 밝게 비치는 것을 반야라 하며, 마음이 본디 적멸하기 때문에 열반이라 하느니 이것이 여래의 최상승最上乘이며 조사가 서쪽에서 오신 뜻이라 했다. 네가 오늘 받은 십계 중 앞의 오계는 어떤 의미가 있겠느냐?"

노장의 허를 찌르는 질문에 자운은 어리둥절한 얼굴로 답했다.

"스님, 그건 잘 모르겠습니다."

"『아난분별경』에 말씀하시길 '5계를 받은 이는 곧 복덕이 있는 사람이다. 도를 닦으면 막강한 호법신이 보호하여 설사 모든 하늘이나 천룡과 귀신들마저 다 굴복하여 공경하지 않는 이가 없다'고 했다. 그러니까 오계를 지니고 지키면 저절로 복이 따라오며 호법신장의 보호를 받는다는 것이다. 또 『중본기경』에선 '살생과 도둑질과 사음과 거짓말을 일삼으며 도를 믿지 않는 사람은 스스로 사랑하지 않는 것'이라 했다. 결국 오계를 지키는 것은 바로 자신을 위하는 것이며 자신을 사랑하는 것이란 뜻이다. 오계의 성격을 보면 살생, 도둑, 사음, 거짓말을 행하면 직접적인 죄를 지은 것이기 때문에 이를 성계性戒라 하고, 음주는 직접적인 죄를 지은 것은 아니지만 음주로 인해 다른 계를 어길 수 있기 때문에 차계遮戒라 한다. 불자 수행의 근본은 계정혜戒定慧 삼학인데, 이 삼학 중에 가장 앞서는 것은 계학戒学이니 다시 말해 계를 잘 지키는 것이다. 지계持戒라는 토대 위에 선정이 오고 지혜가 생기는 법이다. 따라서 계율을 잘 지켜 몸과 마음을 단속하면 저절로 선정을 이룰 수 있고 선정의 고요함과 맑음이 더하면 지혜의 빛이 생겨 해탈을 이룬다. 그러므로 불자들의 수행은 계율을 올바로 지키는 것으로부터 시작된다. 이 지계정신은 불자뿐만 아니라 일반 사회에서도 필요한 것이다. 알겠느냐?"

"알겠습니다."

"옛말에 중은 왕에게도 예를 갖출 필요가 없다고 했다."

자운은 남전 노승의 말이 놀랍기만 했다. 아무리 개화가 되었다 해도 아직 유교의 뿌리 깊은 잔재가 남은 시대였다.

"네에? 그건 무슨 말씀이신지……."

"그만큼 비구는 위엄이 있고 존경을 받아 마땅한 신분이라는 말이다. 옛날 중국의 여산혜원廬山慧遠이란 스님이 「사문불경왕자론沙門不敬王者論」이란 글을 남겼다. 출가자는 도를 깨달아 세상을 구하려는 신분이므로 국왕에게 예경하지 않아도 경敬을 잃는 게 아니라는 뜻이다. 그만큼 세속을 떠난 사문沙門의 길은 존귀하다. 그러나 국왕 앞에서도 당당하려면 그에 걸맞은, 뼈를 깎는 수행과 계율을 한 치도 어기지 않겠다는 마음가짐, 그리고 계를 지켜 내는 실천이 중요하지 않겠느냐?"

자운은 그 말씀에 깊이 감동하였다. 참다운 비구로서 위의威儀를 갖춰야 한다는 다짐이 들었다.

그는 여느 행자들처럼 물 긷고 땔감 마련하고 밥을 짓거나 청소를 하느라 시간 가는 줄 몰랐다. 뿐만 아니라 날마다 은사를 비롯한 사중寺中 노스님의 시봉을 드는 일에 정성을 기울였다.

당시 자운의 은사였던 혜운은 아직 젊은 편인 데다 시봉 받는 것을 거추장스럽게 여겼다. 그래서 틈만 나면 타일렀다.

"성우야, 난 괜찮으니 사중의 노스님들 중 거동이 불편한 분을 자주 뵙고 시봉을 들도록 해라."

자운은 은사의 말씀대로 걸음이 불편한 노스님을 뵙게 되면 잠자리를 펴드리거나 공양간으로 부축해 드리기도 했고 방과 툇마루를 걸레질로 닦아 드리곤 했다. 이런 일이 가능했던 것은 자운의 마음 씀씀이가 넉넉했고 승속을 불문하고 어려운 사람을 보면 도와주는 성품 때문이었다. 더구나 그때만 해도 노승들은 내 상좌, 남의 상좌를 가리지 않고 젊은 사미들을 아끼고 성심껏 가르쳐 주었으며 사미들은 어떤 노장이든 지극히 섬기던 풍토가 남아 있었다. 지금은 찾아보기 힘든 승가의 아름다운 전통이었다.

용성
선사의
법상좌가
되어

자운이 계를 받고 난 지 한 달 정도 지났을 때였다. 혜운이 불렀다.

"성우야."

"네에, 스님."

앞마당을 쓸고 있던 자운이 빗자루를 내려놓고 은사 앞으로 다가섰다.

"낼모레 범어사에서 보살계 법회가 열린다는 이야긴 들었느냐?"

"그렇습니다만……."

"그럼 내일 아침공양 마치는 대로 범어사로 가서 보살계를 받고 오너라."

범어사 보살계 수계산림법회는 1904년 성월일전性月一全 선사가 범어사에 금강계단金剛戒壇을 세운 뒤 시작되었다. 일반적으로 불사리를 모신 계단을 금강계단이라 일컫고 있으니 통도사의 경우가 이에 해당한다. 이에 비해 범어사 대웅전에는 불사리를 모시지 않았으니 '금강계단'이란 현판을 걸었을 뿐 일반 계단에 속하는 것이라 볼 수 있다.

범어사에 금강계단을 설립한 성월은 석전, 만해, 진응震応, 금봉錦峰 등 당대의 걸출한 스님들과 함께 일제의 조선불교 말살 정책에 맞선 인물이었다. 조선총독부의 사주를 받아 친일파 종단으로 설립된 원종圓宗에 맞서 임제종臨済宗사무소를 범어사에 설립한 것도 그런 취지였다. 성월은 또한 조선이 일제의 지배를 받게 된 것도 인재를 제대로 키우지 못한 탓이라고 보아 경성에 포교당을 세워 불교계 인재를 양성했다. 범어사 경성포교당은 애국청년들이 만해의 밀명을 받고 독립운동을 모의하던 곳으로도 이용되었다.

혜운이 오래 전 범어사 수계산림법회에 동참했던 일을 떠올리며 혼잣말처럼 중얼거렸다.

"그 법회가 시작된 것도 벌써 23년이 지났구나. 세월이란 게 참으로 무상하다."

그때 자운이 여쭸다.

"소승 불과 한 달 전에 사미계를 받았사온데 다시 보살계를 받아도 무방할까요?"

혜운이 답했다.

"본래 보살계라는 게 깨달음을 반드시 얻겠다는 발원으로 수행자가 받아 지니는 절차인 것이니 비구들이 해마다 받아도 괜찮다. 더구나 범어사 계단은 비구계와 보살계를 같이 설하는 곳이기도 하니 이번에 가서 계도 받고 얼마나 많은 사부대중이 어떤 절차로 보살계를 받는지 잘 살펴보아라."

"그리하겠습니다."

이튿날 아침 해인사를 출발한 자운은 저녁이 다 되어서야 범어사 아랫마을에 도착했다. 땅거미가 내려앉을 무렵, 허위허위 금정산 중턱에 이르러 범어사 객승 처소에서 하룻밤을 묵고 난 그는 이튿날 아침 보살계 산림법회에 동참했다.

법당 건물 앞에 커다란 괘불 탱화를 모신 것도 장관이었고 그 아래 전계아사리를 비롯한 삼사三師와 칠증七證이 나란히 앉아 수많은 초심자들과 신도들에게 계를 내리는 모습은 자못 숙연하기까지 했다. 자운은 이때만 해도 사미의 신분이라 삼사칠증을 모신 가운데 정식으로 구족계를 받지 못한 때여서 그 수계법회 장면이 더욱 인상적이었다.

삼사칠증은 본래 남방불교권에서 엄격하게 지켜왔으며 북방에서도 오부율의 수계건도에 명시될 만큼 중요한 제도였다. 특히 한국불교에선 구족계를 받을 때만큼은 반드시 삼사칠증의 전통을 지켜오고 있다.

삼사三師는 계를 주는 전계사, 청결을 증명하는 갈마사葛磨師, 의식을 지도하는 교수사敎授師로 구성된다. 칠증은 덕이 높은 일곱 분의 스님들로 수계식이 여법하게 치러지는 것을 증명하는 입

회인이라 할 수 있다.

"……또 계를 받았다가 지키지 못하는 경우가 있을지라도 크나큰 이익이 되는 것이니 불덩이인 줄 알고 잡으면 손을 덜 데는 것과 같은 이치이다. 그래서 옛 성인들은 '앉아서 계를 받고 서서 어길지라도 계를 받는 것이 최선의 공덕'이라고 하셨다……."

계사가 수계자들에게 읽어주는 법문을 들으며 자운은 새삼스레 사미계를 받을 때의 두근거렸던 기억이 떠올랐다.

그는 깨달음에 목말라 하는 수많은 사부대중이 여법한 절차대로 법회를 이어 나가는 것을 유심히 지켜보고는 다시 해인사로 발길을 돌렸다. 이후 19세가 되던 1929년까지 사교과四教科를 마쳤다. 비구로서 기본적으로 익혀야 할 사미와 사집 과정을 마친 뒤에는 경전을 연구하는 다음 단계로서 『능엄경』, 『기신론』, 『금강경』, 『원각경』 등을 모두 익혔다. 이미 속가에서 사서삼경을 떼고 난 자운에게 불교의 경론은 그다지 어려운 분야가 아니었다. 다만 불교적인 사유체계에 익숙해지는 과정이 필요했을 뿐이다. 그러기 위해선 참선수행을 통해 화두를 타파하는 과정이 절실해졌다. 그런 이유로 자운은 강원講院 대교과大教科 과정을 잠시 미뤄 두고 선방을 찾아갈 생각이었다.

자운은 몇 해 전 보살계 법회에 동참하려고 찾아갔던 범어사 선원을 다시 찾기 전 은사에게 고했다.

"스님, 이번 여름 안거 때 범어사 선원에 방부房付를 드릴까 합니다."

방부란 수행자가 어떤 절에 머물며 공부할 것을 인사드리고 허락을 구하는 일을 일컫는데 주로 선방을 찾아가 안거할 때 거치는 첫 번째 절차라 할 수 있다.

"그리 하여라. 네가 줄곧 강원에서만 지냈으니 선원禪院에서 실참수행할 때가 되었다. 가서 생사의 문제를 해결해 보아라. 그러나 참선수행도 단순해 보이지만 절차와 의례가 있으니 이것부터 읽고 가거라."

혜운은 서가에서 얇은 책 한 권을 꺼내 자운에게 건네주었다. 『좌선의坐禪儀』였다. 남송 시기에 종색자각宗賾慈覺 선사가 지은 책으로 좌선의 방식과 요령 등을 자세히 기록해 놓아 훗날 참선수행자들에게 지대한 영향을 준 책이다.

『좌선의』를 받아 든 자운이 여쭀다.

"스님, 선방 수좌들은 안거를 시작하기 전 화두를 받고 그것을 참구하여 깨달음을 얻는다고 들었습니다. 소승도 스님께 화두를 받고자 합니다."

"정전백수자庭前柏樹子로다."

"네에?"

"내가 내릴 화두가 바로 '정전백수자', 다시 말해 '뜰 앞의 잣나무'란 말이다."

그제야 말귀를 알아들은 자운이 속으로 '정전백수자'를 되뇌고 있을 때 혜운이 다시 말했다.

"옛날 어떤 중이 조주趙州 선사에게 '조사祖師가 서쪽에서 온 까닭이 무엇인지요?' 하고 여쭸다. 그때 조주가 앞마당에 자라고 있는 잣나무를 가리키며 '뜰 앞의 잣나무니라.'고 했다. 이게 무슨 뜻인지 탐구해 보아라."

자운은 '정전백수자'란 말을 가슴 깊이 새기며 자리에서 일어나려고 했다. 그때 혜운 스님이 한마디 더 일렀다.

"서산대사께서 『선가귀감 禪家龜鑑』에서 이르시기를 수행하는 자는 '굶주린 자가 밥을 생각하듯, 목마른 자가 물을 생각하듯, 아이가 멀리 떨어진 어머니를 생각하듯' 간절함이 있어야 도를 이룰 수 있다고 하셨다. 무슨 말인지 알겠느냐?"

"소승, 간절한 마음으로 반드시 화두를 타파해 보겠습니다."

자운은 이미 『선가귀감』을 읽은 바 있어서 스승의 가르침이 귀에 쏙 들어왔다. 본래 서산대사가 『선가귀감』을 저술하던 시기의 불교계는 선종禪宗과 교종教宗이 혼합되어 수행의 본질을 찾지 못할 때였다. 이에 서산대사는 선문禪門과 교문教門의 서로 다른 특색을 밝히고 올바른 수행의 길을 제시하려고 이 책을 저술했다.

자운은 '선은 부처님의 마음이고 교는 부처님의 말씀이다(禪是仏心 教是佛語).'란 대목에서 무릎을 쳤다. 그러나 그의 관심을 더욱 깊이 끌었던 대목은 염불念佛에 대한 정의와 그 주해註解였다.

……염불이란 입으로 하면 송불誦佛이고 마음으로 할 때 비로소 염불이 된다. 입으로만 부처님을 부르고 마음으로는 생각하지 않으면 도를 닦는 데 무슨 소용인가…….

이때 서산대사는 이 구절에 대해 좀 더 자세히 주석하기를 "나무아미타불 여섯 자 법문은 윤회를 벗어나는 지름길이다. 마음으로는 부처님의 세계를 생각하여 잊지 말고 입으로는 부처님의 명호를 똑똑히 불러 헷갈리지 말아야 한다. 이와 같이 마음과 입이 서로 합치되는 것이 염불이다."라고 하였다.

이 대목은 훗날 자운이 염불 수행에 매진하게 된 중요한 계기가 되었다. 다만 당시의 은사나 선배 스님들은 여전히 실참수행을 통해 깨달음을 얻고 중생을 구제하는 게 승가의 본분임을 강조했다. 더구나 자운은 범어사 선방에 방부를 들일 작정이라서 절실한 마음으로 좌선에 임해야 한다는 스승의 가르침에 충실하고자 했다.

출가 직후 수계법회를 참관하려고 처음 범어사를 찾은 이래 그의 범어사행은 오랜만이었다. 그동안 중물이 완연히 든 그에게 선방은 처음이었으나 능숙한 걸음으로 범어사 선원에 이르렀다. 참중원서參衆願書를 받아 필요한 내용을 적고 지객知客에게 제출한 뒤 잠시 시선을 산 아래로 돌렸다. 울창한 나무숲을 지나 시원한 바람이 올라와 땀을 식혀 주었다.

방부를 들이고 난 그가 받은 선방 소임은 소지掃地였다. 말 그대로 마당을 깨끗이 쓰는 소임이니 선방 새내기로서 어울리는 일이었다. 하심下心을 기르기 위해서라도 꼭 필요한 임무였다.

그 해 하안거 결제結制가 시작되기 전 조실 스님의 법어가 있었다. 자운은 초심자이면서도 그런 의례적인 법문에는 귀를 기울이지 않았다. 수좌로서의 때가 제법 묻은 구참久參들도 각자의 화두에만 몰두한 모습이었다. 자운은 자신에게 지정된 좌리에 앉아 가부좌를 틀었다. 그리고 『좌선의』에 소개된 참선 습의에 대한 기억을 되살리며 자세를 취했다. 그러나 자신이 옳은 자세를 취하고 있는 것인지는 확신할 수 없었다.

입선이 시작되자 선방 안은 숨소리조차 멎은 듯 적막에 휩싸였다. 그렇게 그 해 하안거가 시작되고 있었다. 해인사로 입산해 1만 배를 올렸을 때처럼 처음엔 견딜 수 없는 고통이 왔다. 육체적으로 힘든 일을 한 것도 아닌데 온몸이 뒤틀리는 느낌이었다. 차라리 1만 배를 올리는 게 편할 것만 같았다. 그러나 미동도 없는 선배들을 슬며시 엿본 뒤에는 정신이 번쩍 들었다. 자운은 허리를 쭉 펴고 눈을 가늘게 뜨고 정면을 응시했다. 차츰 자세가 익숙해졌다. 그럴수록 마음도 안정을 찾는 느낌이었다. 그런 상태에서 줄곧 '뜰 앞의 잣나무'를 떠올렸다. 조사가 서쪽에서 온 이유가 어째서 뜰 앞의 잣나무인가?

자운이 그렇게 화두에 몰입하려고 할 때였다. 어디서 들어온 것인지 눈치 없는 파리 한 마리가 그 침묵의 공간을 멋대로 휘젓고 다녔다. 여러 스님들의 머리나 팔, 심지어 콧등에까지 옮겨 다니던 녀석은 마침내 자운에게도 찾아왔다. 자운은 그만 화두고 뭐고 그 녀석을 잡을지 말지, 잡으려면 어떻게 잡을지 번민에 휩싸였다. 한동안 정전백수자 대신 파리가 그의 화두였다. 녀석을 잡아 없애 선방 대중들이 화두에 몰입할 수 있게 도와줄 것인지, 그냥 내버려둘 것인지, 그렇게 해도 대중들이 개의치 않고 화두에 몰입하는지, 모기나 파리와 같은 미물을 죽이는 것도 불살생 계율을 어기는 것인지 등등 온갖 망념이 떠올랐다 사라지고는 했다. 그런 가운데 녀석은 어느 샌가 사라졌다. 자운도 부지불식간에 다시 선정에 들어 정전백수자 화두에 들었다.

그렇게 한 철 동안 범어사 하안거를 지내고 난 그는 같은 해(1929년), 부산의 백양산 선암사仙巖寺로 가서 동안거를 지냈다. 그 이듬해에는 다시 범어사로 옮겨 강원의 대교과에 편입했다.

지금은 대부분의 스님들이 강원을 마친 후에야 선원 또는 율원으로 들어가 수행하는 게 일반적이다. 그러나 해방 이전까지만 해도 출가자들의 법랍法臘에 따른 수행의 절차는 딱히 정해진 게 없었다. 그러다 보니 성철性徹처럼 속인의 신분으로 선방에 앉았다가 출가하는 경우도 있었고, 여러 해 안거에 참여하다가 강원을 다니는 경우, 강원을 다니다 참선수행을 거쳐 강원의 대교과를 마치는 등 통일된 규정이 없었다. 자운은 출가한 지 5년째 되던 1932년 1월, 범어사 강원에서 대교과大敎科를 졸업하였다.

당시 큰절에서 운영하던 전통강원은 사미沙彌(치문緇門)·사집四集·사교四敎·대교과大敎科의 과정으로 구성되었는데 이 중 졸업반에 해당하는 대교과는 『화엄경』 『선문염송禪門拈頌』 『경덕전등록景德傳燈錄』 외에 『십지론十地論』 『선가귀감禪家龜鑑』 『묘법연화경妙法蓮華經』을 이수해야 했다. 이 과정을 졸업하면 과목을 선택하여 경전 공부를 계속하거나 선원에 들어가서 참선을 하는 게 일반적이었다.

이처럼 비구가 되기 위한 절차를 밟아가며 정진한 자운은 이후 해인사, 회양 표훈사, 울진 불영사 선원 등을 순례하며 하안거 및 동안거를 지냈다. 여느 스님들처럼 안거의 횟수가 늘어날수록 그 또한 중물이 들어 가고 있었다. 그러나 강원에서 교학을 익히는 것과 달리 선원에서 화두를 타파하는 일에는 좀체 진전이 없는 듯했다.

더구나 자운이 범어사 강원 대교과에 다니는 동안 그의 스승 혜운마저 온다 간다 말없이 자취를 감췄다. 혜운이 사라진 것은 참으로 수수께끼였으나 그 의문을 풀어줄 사람은 오직 혜운 자신뿐이었다. 혜운의 행방불명으로 졸지에 무사승無師僧이 되어버린 자운은 쓸쓸함을 느끼기도 전에 스승이 남기고 간 또 다른 화두를 풀어야 할 상황이었다.

자운은 1934년 3월 15일에야 범어사 금강계단에서 일봉경념―
鳳敬念 율사로부터 비구계를 받고 비구로서의 첫발을 내딛었다.
일봉은 열여섯 살 되던 1892년에 범어사로 출가했고, 1898년(광
무 2년)에 역시 범어사 금강계단에서 비구계를 받은 당대의 율사
였다.

계를 받고 난 자운이 범어사에 한동안 머물던 때였다. 어느 날
일봉 율사가 법당 마당에 서서 산 아래 마을을 지그시 바라보던
중이었다. 자운이 바짝 다가가 인사를 올렸다. 그러고는 한마디
여쭸다.

"스님, 계율이라는 게 뭔가요?"

사실 그 무렵의 자운에게는 쉬운 듯 하면서 쉽지 않은 과제가
바로 계율에 관한 의문이었다. 처음 사미계를 받을 때 남전 스님
이 자상히 일러주었을 땐 귀에 쏙쏙 들어왔으나 시간이 지날수록
어렵게 느껴지는 게 계율이었다. 그러나 그걸 명확하게 알려 줄
스승이 있는지, 있다면 어느 절에 주석하고 있는지 알지 못했다.
그래서 자신에게 비구계를 내려 주신 일봉 율사에게 용기를 내어
여쭤 본 것이었다. 일봉이 자운에게 눈길을 돌리고는 한동안 바
라보다가 이윽고 입을 열었다.

"계율이란 건 등불과 같다."

자운이 다시 여쭸다.

"등불이라 함은……?"

"밤길을 걸어가려면 그 길을 비춰 줄 등불이 필요하지 않겠느냐?"

"그렇습니다, 스님."

"마찬가지로 인간 세계엔 정해진 규칙, 규율, 예의범절을 배우고 실천해야 그 질서가 유지되는 것이며 승가에겐 계율이 부처님 법답게 실천될 때 비로소 깨달음의 길로 나갈 수 있는 것이다. 그러니 계율은 곧 등불인 것이지."

"네에, 스님. 무슨 말씀인지 이해가 됩니다."

"인간이 서로 예의범절을 지키지 못하고 사는 것을 조취모산朝聚暮散이라고 한다. 다시 말해 새들이 아침 한때 모였다가 저녁이 되면 저마다 흩어져 제 둥지를 찾아 들어가서 자고, 또 그 이튿날 한데 모이는 것과 같은 것이니 그런 중생에게 예의나 염치가 있겠느냐? 그러나 인간이 그런 중생처럼 살 수는 없는 것이니 탐진치貪瞋癡 삼독을 제거하고 고통에서 벗어나려면 계율부터 잘 지켜야 하느니라."

자운은 스승의 말씀이 귀에 쏙쏙 들어왔다.

"너도 잘 알고 있겠지만 지금은 우리 조선이 국권을 잃고 일본의 지배를 받다 보니 불가 또한 왜색으로 물들고 있다. 공공연히 처를 두거나 심지어 절간 안에서조차 술과 고기를 먹고 있으니 용납할 수 없는 일이다. 그런데도 그런 생활을 동경하고 추종하는 조선인 비구들이 늘고 있으니 그들은 비구가 아니라 마구니라 해도 무방하다."

"참으로 그런 것 같습니다."

"너라도 나서서 계율을 깊이 공부할 생각이 있다면 내가 힘닿는 데까지 도와주겠다."

자운은 그 말을 듣자 정신이 번쩍 드는 느낌이었다. 누군가가 나서서 계율을 연구하고 정립하는 일은 꼭 필요했다. 자운 또한 불현듯 그런 마음이 들었다. 참선도 좋고 염불도 좋지만 우선은 계율을 바로 세우는 게 급선무라는 판단이 섰고 그러자 자신부터 계율을 깊이 공부하고 실천하려는 마음이 들었던 것이다. 자운은 저도 모르게 주먹을 불끈 쥐며 답했다.

"그렇게 해보겠습니다, 큰스님."

일봉이 밝은 표정으로 자운을 격려했다.

"허허허, 기특한 일이구나. 쉽진 않겠지만 한번 노력해 보아라. 우리 불교계에 계율을 바로 세우는 건 꼭 필요하고 시급한 일이다."

자운은 이때 일봉 율사로부터 율장律藏을 깊이 공부하기 시작했다. 율장이라 함은 부처님이 제정한 계율의 조례條例를 모은 책으로 경經·율律·논論으로 이뤄진 불교 삼장三藏 중 하나를 가리킨다. 크게 팔리 율장, 남방상좌부 율장, 한역된 부파의 율장(5부율장), 서장 율장과 산스크리트어 역본, 대승 율장으로 구분된다. 그 중 자운이 일봉의 가르침을 받아 서사했던 5부율장은 법장부의 사분율, 화지부의 오분율, 설일체유부의 유부신율, 대중부의 마하승기율, 가섭유부의 해탈계경을 통틀어 가리킨다. 이 율장은 당시만 해도 극히 드물어 일봉 율사와 같이 인연이 깊은 스님들 외에는 열람하는 것조차 어려운 경전이었다.

자운은 일봉 스님을 시봉하던 때에 날마다 5부율장五部律藏을 옮겨 적으며 계율을 착실히 익혀 나갔는데, 이런 습관은 그가 훗날 국립중앙도서관을 날마다 오가며 율장을 서사書寫하는 밑바탕이 되었다.

자운은 이처럼 일봉 스님 밑에서 5부율장을 공부하다가 다시 참선수행을 위해 범어사 선원에서 하안거 방부를 들였다. 이때가 1935년 여름이었다. 이 하안거를 마치고 난 그는 울진 불영사로 들어가 수선결사修禪結社에 동참했다.

불영사의 수선결사는 1929년부터 시작되었는데 자운은 1933년 하안거부터 이 수선결사에 처음 참여해 같은 해의 동안거를 해제할 때까지 불영사에서 지냈다. 그리고 1935년부터 3년 예정의 수선결사에 다시 동참하게 된 것이다.

이때 불영사의 주지는 '불교계의 청백리'란 별명이 붙은 영암 임성映巖任性이었다. 훗날 조계종 총무원장, 중앙종회 의장, 원로회의 의장, 동국대 이사장 등을 역임한 영암은 조계종단의 기틀을 다진 인물로도 잘 알려져 있다. 자운보다 4년 연상인 데다 법랍 또한 4년 빠르다.

1935년이라면 자운이 스물다섯, 영암이 스물아홉 안팎이었다. 그처럼 이른 나이에 이미 수선결사修禪結社를 주도했던 것으로 보아 당시 청정비구들의 수행과 왜색불교를 벗어나려는 의지가 어느 정도였는지 짐작할 수 있다.

역사적으로는 한국불교의 중흥조로 추앙받는 고려 후기의 보조국사普照國師가 불교의 근본정신으로 돌아가자는 뜻에서 추진한 정혜결사定慧結社를 대표적인 수선결사의 사례로 들 수 있다. 근대에는 경허 선사가 조선왕조의 숭유억불 정책으로 짓눌렸던 한국불교 고유의 수행가풍과 정신을 되살리기 위해 수선결사를 추진한 게 그 시초가 되었다.

경허 이후 그 제자들과 후학들이 큰 영향을 받고 수행에 매진해 수많은 청정비구와 선사들이 배출되었다. 그러나 1910년 일제 강점기가 시작된 이후 사정이 달라졌다. 조선총독부는 교묘하게 한국불교계에 침투하면서 거의 모든 사찰과 승려들을 왜색으로 물들여 나갔다. 그 결과 암암리에 처를 거느리는 승려들이 늘어나는가 하면 육식과 음주가무가 일상화되었다. 심지어 이런 풍토는 청정한 사찰 내에까지 스며들었다.

이에 뜻있는 고승들을 중심으로 불교의 왜색화에 반대하는 결사가 일어났다. 그 중 대표적으로 1925년 도봉산 망월사에서 개설된 용성龍城 선사의 '만일선회결사萬日禪会結社'를 들 수 있다. 일본불교의 영향을 받아 불교계가 하루가 다르게 왜색으로 물들

자 계율이 무너지고 선 수행 풍토가 퇴색했다. 이에 활구참선活句
參禪을 통해 깨달음을 얻고 한국불교의 전통을 찾아 중생을 널리
제도하려는 뜻에서 추진된 게 이 결사의 목적이었다.

1864년 전북 장수군에서 태어난 용성은 열여섯 살 되던 해에
합천 해인사로 출가한 이래 전국의 명찰을 순례하며 수행에 힘썼
다. 그는 순천 송광사 삼일암에 3년 동안 머물며 선 수행에 매진
한 적도 있었다. 그러던 중『전등록傳灯錄』을 읽다가 크게 깨달았
다. 그는 평생 네 차례나 깨달음을 얻었는데 그 중 송광사 삼일암
에서의 대오大悟는 세 번째였다고 술회했다.

용성은 여러 선지식들을 참방하고 다닐 때 승보종찰 송광사에
서 가장 오래 머물렀다고 하며 그 스스로도 송광사를 자신의 오
도처悟道處라 선언했다. 깨달음을 얻고 난 용성은 출가본사인 해
인사로 돌아가 3년 동안 육자주六字呪를 지송했다. 그리고 3년 동
안의 해인사 생활을 마친 다음엔 다시 송광사 산내 암자인 감로
암甘露庵에 머물기도 했다.

용성이 조직한 만일선회결사는 자체적으로 오후 불식, 평시 묵
언, 동구불출洞口不出을 규약으로 정해 수행을 시작했지만 당초의
목적을 이루지 못하고 1년 만에 해체되었다. 만일선회결사의 본
거지인 망월사와 망월사가 소재한 도봉산 전체가 조선총독부에
편입되었고 망월사 대중들도 떠나야 했기 때문이다.

용성은 만일선회결사와는 별도로 백여 명의 청정비구들과 함

께 1926년 5월과 9월 두 차례에 걸쳐 조선총독부에 건백서建白書를 제출했다. 건백서란 관청에 개인 의견을 적어 보내는 편지라 할 수 있는데 용성이 1차로 제출한 건백서는 승려들의 대처 및 육식 반대, 대처승의 주지 취임 반대가 핵심 취지였다. 2차 건백서는 대처승들이 사찰 재산에 의존해 개인의 재산을 늘리고 있는데, 이런 폐단을 없애려면 대처승 자체를 재가 대중으로 환속시켜 불교계를 정화해야 한다는, 다소 극단적인 내용이 담겼다. 당연히 조선총독부는 이런 요구를 거들떠보기는커녕 거꾸로 승려들의 대처와 육식을 허용하는 사법 개정안을 승인하는 지경에 이르렀다.

용성은 이런 조치에 굴하지 않고 이번엔 선농불교禪農佛敎 운동을 펼쳐 나갔다. 선농이란 말 그대로 참선수행과 농사를 함께 짓는다는 뜻으로 승려들의 선풍을 진작하면서 한편으론 농업을 발전시켜 자급자족을 실천하겠다는 운동이었다.

용성은 선농불교 운동의 일환으로 64세 되던 1927년에 경남 함양의 백운산에 화과원華果院이란 농장을 만들었다. 곧이어 만주 용정에 선농당이란 법당을 열어 그곳을 중심으로 용성 자신이 주창했던 대각불교사상을 펼쳐 나갔다. 이듬해인 1928년에는 대각일요학교, 1929년에는 선회禪會를 개설하며 교세를 늘렸다.

그는 선농일치운동의 모범을 보이기 위해 직접 농사를 짓는가 하면 불교를 널리 포교할 목적으로 「불일佛日」이란 잡지를 간행했는데, 이 잡지 발행에는 석전石顚 박한영朴漢永 스님도 관여했다.

한편 용성이 선농일치운동을 펼치기 몇 해 전부터는 계시학명啓示鶴鳴 선사가 내장사에 벽련선원碧蓮禪院을 열었다. 학명은 당나라 중기의 선승 백장회해百丈懷海가 정한 청규淸規대로 '하루일 하지 않으면 하루를 굶는다(一日不作 一日不食).'는 정신을 살려 벽련선원을 꾸려나갔다. 벽련선원 수행자들의 하루 일과는 아침엔 경전 공부, 오후엔 노동(농사), 밤에는 좌선 수행으로 이뤄졌다. 학명은 내장산 산내의 황무지를 개간하여 80마지기의 전답을 일궜다.

1932년부터 3년 예정으로 시작된 불영사 수선결사도 당시 청정비구들의 이와 같은 운동과 맥을 같이 하고 있었다. 이때 불영사 주지 영암映嵒을 비롯해 청담, 자운, 종묵, 혜천 등 11명의 비구들이 뜻을 모았다. 당시 방함록芳啣錄에 의하면 자운은 다각茶角 소임을 맡았다. 방함록은 안거安居 때 스님들의 법명과 본적, 소속 사찰 등의 인적사항과 안거 때의 소임을 기록한 책이다. 그리고 다각이란 소임은 대중들이 마실 차를 달이거나 찻잔을 닦고 관리하는 게 주된 역할이다.

"조선불교의 앞날이 캄캄합니다. 지금 용성, 한암, 학명 스님 등 노장님들이 앞장서서 청정한 수행가풍을 잇고 조선불교의 전통을 살리고자 애쓰고 계십니다. 그런 마당에 우리 젊은 스님들이 가만히 앉아 있는 건 있을 수 없는 일입니다. 지금이라도 자발적으로 선풍을 진작시켜야 합니다. 그런 뜻에서 여러 스님들과 함께 다시 불영사 수선결사를 시작하려고 합니다."

"옳소. 우리 스스로 규율을 정하고 그에 맞춰 용맹정진을 시작합시다. 상구보리 하화중생이라 했으니 우리가 스스로 수행의 모범을 보이고 궁극적으로 깨달음을 얻어야 널리 중생을 제도할 수 있습니다."

"당장 수행 규칙을 정하고 실행에 옮깁시다."

불영사에 모여든 스님들은 이렇게 결의한 뒤 자체적인 규율을 정했다. 규율의 큰 줄기를 살펴보면 동구불출洞口不出, 오후불식午後不食, 장좌불와長坐不臥 등이었다.

이렇게 시작된 불영사 수선결사는 처음엔 어떤 결기를 느끼게 했으나 그리 오래 가진 못했다. 당시의 모든 사찰, 특히 비구들의 청정도량이 그렇듯 불영사 또한 수선결사를 지탱할 만한 재정적인 여유가 없었기 때문이다.

처음엔 수행에만 임하던 스님들이었으나 수행의 힘으로 배고픔을 극복할 수는 없었다. 며칠 또는 몇 달에 한 명씩 또 다른 수행처를 찾아 불영사 선원을 떠나갔다. 그 결과 1년도 지나지 않아 그 수선결사에는 단 두 명의 스님만 남았다. 한 사람은 주지인 영암, 그리고 한 사람은 자운이었다. 영암은 어쩔 수 없이 불영사를 지키는 게 본분이었으니 객승으로는 자운이 유일하게 남은 셈이었다.

이런 점에서 자운의 결기와 원력, 그 끈질긴 근기를 새삼스레 돌아보게 된다. 이미 해인사로 출가할 때 1만 배를 올린 저력이 다시 발휘된 셈이었다.

하루는 자운의 근기에 크게 감동한 영암이 물었다.

"스님은 떠나지 않을 셈이오?"

'불교계 최고의 행정승', '불교계의 청백리'로 손꼽히던 영암은 자운보다 속랍이 4년 위이며 출가도 먼저 했으나 절대 하대를 하지 않았다. 그만큼 자운에 대한 존경과 신뢰가 컸다.

자운이 답했다.

"대장부가 한번 약속을 했으면 끝까지 지켜야지 어딜 떠납니까? 처음 결의한 3년을 모두 채우고 떠나렵니다."

"참 미안하고 고맙소."

"아닙니다, 스님. 중으로서 당연한 일을 하는 것인데 고마울 게 뭡니까? 청정한 수행을 통해 왜색불교를 몰아내고 조선불교의 전통을 되찾는 게 이 결사의 본래 취지 아닙니까? 그렇다고 도중에 떠난 스님들을 탓하진 않습니다. 저마다 사정이 있었겠지요."

"나도 그들을 원망하진 않소. 먹을 게 없어 육신을 지탱하지도 못하면서 어찌 수행에 전념할 수 있겠소? 그러나 그런 열악한 조건을 극복하고 끝까지 남아준 자운 스님이 고맙기만 하오."

결국 자운은 처음 약속한 3년 동안의 수선결사를 끝까지 마친 뒤에야 비로소 걸망을 둘러맸다. 그 결사를 마치면서 자운은 불교의 기본이 지계持戒에 있음을 더욱 깊이 깨달았다. 참선, 염불, 기도, 독경 등 어떤 수행을 하든지 먼저 지계가 바탕이 되어야 승가가 살아나고 한국불교가 왜색에서 벗어나 전통적인 청정성을 회복할 수 있으리라 확신한 것이다.

언젠가부터 그는 자신의 심신을 다 바쳐 계율을 지키는 운동을 펼치겠다고 다짐했다. 다만 구체적으로 지계 운동의 방법을 찾지 못한 터라 좀 더 시기가 무르익을 때까지 시절 인연을 기다려 왔을 뿐이다.

"스님, 그동안 고생 많았습니다. 전 이제 떠나렵니다."

불영사를 떠나기 전 주지실에 들어선 자운이 인사를 건넸다. 영암이 차를 달이던 손길을 멈추지 않은 채 물었다.

"이젠 불영사가 지긋지긋하지요?"

"무슨 말씀을……. 중이 어찌 편안한 걸 바라겠습니까? 그동안 물심양면으로 뒷바라지해 주셔서 감사할 따름입니다."

"내가 다른 건 해 줄 게 없고 한 가지 약속하리다."

"……?"

"앞으로 자운 스님에게 도움이 필요하다면 언제 어디서나 내 힘이 닿는 데까지 꼭 도와주겠소."

자운은 당시만 해도 영암의 약속을 듣기 좋은 인사치레로만 알아들었다. 하지만 그 뒤 자운이 반드시 해결해야 할 중요한 고비가 생길 때마다 영암은 이때 약속한 대로 큰 도움을 주었다. 이처럼 불영사 결사 때 다져진 두 도반의 돈독한 우의는 그 뒤 평생 동안 이어졌다.

불영사를 떠난 자운은 문경 김룡사 선원, 양산 통도사 선원, 울산 학성선원에서 동안거 및 하안거를 마친 뒤 1938년 동안거에는 도봉산 망월사로 방부를 들였다. 당시 망월사에는 용성龍城 선사가 주석하고 있었다. 용성은 망월사에서 만일선회결사를 펼치면서 한편으론 왜색불교를 몰아내기 위해 조선총독부에 여러 번 항의를 한 바 있었다. 그 뒤 도봉산 전체가 조선총독부 토지로 편입될 무렵 망월사를 떠났다가 1938년 무렵엔 다시 망월사에 머물며 후학들을 양성하고 있었다.

그동안 은사 혜운이 돌연 자취를 감춰 버려 스승이 없는 수행자로 지내왔던 자운이었다. 스승이 없다는 것은 서글프고 쓸쓸하면서도 동시에 여러 가능성이 열린 일이기도 했다. 학식으로나 수행으로서 한 시대를 이끌어온 고승들을 섬길 수 있는 기회가 되었기 때문이다. 자운에겐 용성 노장도 그런 고승 중 한 분이었다.

망월사에서 용성의 가르침을 받던 자운은 어느 날 문득 크게 깨닫는 바가 있었다. 1938년 겨울, 성도재일成道齋日을 하루 앞둔 음력 12월 7일이었다. 대중들과 함께 부처님이 깨달음을 이룬 것을 기념하는 용맹정진에 동참했던 자운은 밤늦은 시간 해우소를 찾아 갔다가 그만 해우소 문턱에 탁 부딪쳤다. 갑작스럽게 돌 풍이 일어나 들고 있던 촛불의 심지가 새파랗게 작아졌다가 다시 빛을 발하기 시작했다. 순간 자운은 허공이 부서지고 대지가 내려앉는 걸 느꼈다. 자운은 자신과 함께 모든 게 사라졌다가 하나 되는 체험을 하고는 순간 마음에 품고 있던 '정전백수자' 화두가 한 순간에 풀리는 것을 느꼈다. 출가 후 11년 만에 깨달음을 얻은 것이었다. 자운은 즉시 그 깨달음의 경지를 종이에 옮겨 조실 방으로 건너갔다.

용성이 자운의 오도송을 읽어나갔다.

青山常運步 청산은 언제나 걸어 다니고
白雲永不動 백운은 영원히 움직이지 않네
人踏水底過 사람은 걸어서 물속을 지나는데
水不着衣裳 물은 옷을 적시지 못하네.

이 오도송을 읽고 난 용성이 밝게 웃으며 말했다.
"네 공부가 무르익었구나."
"부끄럽습니다, 노스님."
이때 자운은 참으로 송구스럽기만 했다. 출가 이후 줄곧 참선 수행에 매달린 성과치고는 초라하다는 느낌 때문이었다.
"아니다. 넌 이미 내 법을 이어받은 것이니 앞으로는 각고의 정

진으로 더욱 큰 깨달음을 얻도록 해라."

이 말을 마친 용성은 곧 법의 상징인 가사와 발우를 꺼내 자운에게 전했다. 의발衣鉢을 전수하는 것은 곧 스승이 제자에게 법을 전하는 것을 상징한다. 자운은 은사 혜운 스님의 행방불명으로 인해 부득이하게 스승을 새로 모시게 된 셈이었다. 하지만 본래의 은사인 혜운에 대한 감사함을 어찌 잊을 것인가? 그러면서도 용성과 같은 덕 높은 스님의 법제자가 되어 인정을 받는다는 건 영광스러운 일이었다.

자운은 용성 노장이 여러 차례나 지계 운동을 펼쳐온 것을 익히 알았다. 계를 지키고 널리 전파하는 일이야말로 불교의 전통을 지키고 불자로서 항일운동에 참여하는 지름길이라는 것도 깨닫고 있었다. 그가 용성 노장의 가르침을 이어받으려고 망월사를 찾은 것도 그런 이유에서다.

자운을 사법 제자로 삼겠다고 한 용성이 붓을 들었다. 그리고 일필휘지로 전법게를 써 내려갔다.

庭前栢樹子 뜰 앞의 한 그루 잣나무가
儼然冠山林 의젓이 산 숲을 덮고 있네
身帶紺靑色 몸에는 감청의 빛을 지니고
葉覆須彌山 잎은 수미산을 덮었도다.

이때의 일로 자운은 동산혜일東山慧日, 고암상언古庵祥彦 등에 이어 용성 선사의 가장 나이 어린 사법嗣法 제자가 되었다. 자운에게 전생부터의 인연과 공덕이 없었다면 불가능한 일이었을지 모른다. 맏사형師兄에 해당하는 동산 스님은 자운의 나이 두 살무렵이던 1913년에 용성 스님을 은사로 사미계를 받았으니 자운에겐 사형이라기보다 스승이나 다름없는 연배였다. 그런 인연 때문인지 훗날 자운이 성철性徹을 만났을 땐 그보다 한 살 많은 데다 사숙師叔뻘이면서도 그런 상을 조금도 내세우지 않고 평생의 도반으로 지냈다.

문수보살의
서상수계

스물여덟 살의 자운이 당대의 고승이던 용성 노장의 사법제자가 되었던 것은 그만큼 전생의 공덕이 깊었으며 수행이 깊고 투철한 결과였다. 자운은 한동안 머물던 망월사와 스승 용성의 곁을 떠나 북으로 발걸음을 옮겼다.

그가 걸음을 멈춘 곳은 묘향산 보현사였다. 당시 보현사가 속했던 영변은 김소월의 시 '진달래꽃'으로 유명한 지방이다. 1938년 늦가을, 자운은 보현사 원적암 선방에서 동안거에 들어갔다. 가뜩이나 겨울이 일찍 찾아오는 지역이고 보니 그해 동안거는 유난히 춥게 느껴졌다. 자운을 비롯한 스님들은 하루하루 이를 악물고 그 추위를 이겨내며 좌선에 임했다. 하긴 '기한발도심飢寒発道心'이란 말처럼 춥고 배가 고파야 수행이 깊어진다고 했던가. 그러고 보면 배고픔과 추위는 수행자들의 도반이자 스승인 셈이다.

그 동안거 중 섣달그믐께의 일이다. 정월 초하루를 코앞에 두고 마음이 들뜨고 설레기는 세속이나 깊은 산중의 선방이나 그다지 차이가 없었다. 그날의 일과가 모두 끝나 방선放禪할 때였다. 한 도반이 자운에게 다가와 말을 걸었다.

"보아하니 자운 스님은 참으로 새색시 같구려."

"무슨 말씀이신지……."

자운이 물었다.

"온종일 입 한 번 열지 않고 시키면 시키는 대로만 하니 새색시가 따로 없단 말이오."

"입선入禪 시간이면 묵언이 당연하니 무슨 말을 할 것이며 죽비에 맞춰 입선과 방선에 드는 게 우리 중들의 본분이니 더 이상 움직일 일이 어디 있겠소?"

"그야 그른 말이 아니지만 방선 시간에도 늘 침묵으로 일관하니 하는 말이오. 그건 그렇고 스님은 출가한 뒤 곡차나 한 번 마셔 보았소?"

"난 그런 건 입에 대지도 않지만 곡차란 말부터 잘못된 것이라 여기오. 마셔서 취하면 그게 술이지 어째서 곡차라 부른단 말이오? 그렇게까지 불러 가며 술을 마시고서야 어느 세월에 성불하겠소?"

"아이구, 어째 바늘로 찔러서 피 한 방울도 안 나는 소리만 하시오? 그렇게 앞뒤가 꽉 막혀서야 누가 스님과 가까이 지내고 싶겠소?"

결국 자운에게 농을 걸었던 도반은 고개를 절레절레 흔들며 자리를 떠났다. 자운은 진작부터 그가 방선 후에 아랫마을의 한 속가를 드나들며 밤늦게 술에 취해 들어오는 걸 알고 있었다. 더구나 술을 파는 그 속가가 보현사 주지화상이 처자식을 거느리고 출퇴근하는 거처라는 이야기도 이미 들은 바 있었다. 당시 불교계의 세태가 대개 그런 식이었다. 웬만한 스님들이 처를 거느리고 음주와 가무를 아무렇지 않게 여기던 때였다. 선방 수좌들마저 곡차 운운하며 술 마시는 걸 '무애행無礙行'으로 포장해 자랑하는 정도였다. 어느 조직이든 한두 명의 사고뭉치가 있게 마련이지만 날이 갈수록 그런 사람이 '선승답다'느니 '풍류를 아는 중'이라느니 칭송을 받는 세태는 분명 잘못된 것이었다.

그 정도의 대화를 주고받았으면 상대에게 화를 낼 법도 한데 자운은 얼굴을 찡그리기는커녕 슬며시 미소를 지었다. 천부적으로 타고난 온화하고 인자한 성격 때문이었다. 그래서인지 자운을 시봉했던 수많은 상좌와 손상좌들은 스승이 화를 내는 걸 한 번도 본 적이 없었다고 입을 모으고 있다.

부처님은 제자들에게 "내가 열반한 뒤로는 계율을 스승으로 삼으라." 하셨다. 한반도에 불교가 전래된 이후에 그런 유훈이 잘 지켜졌으나 여러 차례의 위기가 찾아온 것도 사실이었다. 그 중 대표적으로 보조국사 지눌이 법을 펼쳤던 고려 후기를 들 수 있다. 승려들이 고리대금업에 술까지 만들어 팔고 애꿎은 속인들에게 횡포를 부리던 그 혼탁한 세태를 보며 불교계를 정화하고 나아가 사회 전체를 정화하자는 운동을 펼친 게 지눌의 정혜결사였다. 그러나 지눌이 열반하자 수십 년도 지나지 않아 고려 불교계는 다시 혼탁해졌고 급기야 조선을 건국한 신흥사대부들의 '숭유억불' 정책을 자초하기에 이른 게 역사의 교훈으로 남았다.

그런 점에서 보현사는 중요한 의미를 가진 사찰이었다. 서산대사, 사명대사가 이 절에서 주석하며 국난을 극복하고 도탄에 빠진 중생을 구제한 근본 도량이었기 때문이다. 국가에선 줄곧 숭유억불을 앞세워 불교를 탄압했으나 그런 정책에 아랑곳없이 오직 불국토를 가꾸고 중생을 제도하겠다는 숭고한 원력이 보현사에 배어 있었다.

간신히 명맥을 이어 오던 조선불교가 탁월한 선승 경허에 의해 다시 중흥기를 맞았으나 1910년 이후 국권을 완전히 상실하고 아예 왜색으로 물들어버린 것이 1930년대의 불교계였다.

계율을 지키지 못하는 수행자에게 깨달음이 있을 리 없고 그런 사람에게 중생교화란 연목구어緣木求魚와 같다. 불교가 그 지경에 이른다면 결국 군소종교로 위축되어 끝내 소멸할 게 자명했다.

왜색 불교에 물든 자들은 공공연히 외쳤다.

"술 마시고 고기 좀 먹는다고 깨달음을 얻지 못하는 건 아니다. 심지어 도둑질을 하거나 음행을 하거나 처를 거느려도 구도의 길에 장애가 될 수 없다."

그런가 하면 그들은 계율을 중시하는 비구들을 향해 '상相에 집착하는 작은 근기'라며 헐뜯기 일쑤였다.

자운은 그 동안거 중에 중대한 결심을 했다. 자신의 힘을 다해 조선의 승단으로 하여금 계율을 목숨처럼 지키는 전통을 만들겠다는 결심이었다. 계율을 바로 세우고 지키지 못하고서야 어찌 깨달음이 있을 것인가.

자운은 처음 사미계를 받을 때 남전 노승이 일깨워 준 계율의 중요성에 대해 다시금 생각에 잠겼다.

'계정혜 삼학 중에서도 계를 가장 앞세운 것은 계율을 잘 지켜 심신을 단속하면 선정을 이룰 수 있고, 선정의 고요함과 맑음이 더하면 지혜의 빛이 생겨 해탈을 이룰 수 있게 되는 까닭이다.'

1939년 정월 보름, 묘향산 보현사 동안거를 마치고 난 자운은 발길을 다시 남동쪽으로 돌려 오대산 중대中臺 적멸보궁으로 향했다. 그곳엔 여전히 한암 노장이 주석하고 있었다. 월정사에서 상원사로 걸어 올라가는 동안 자운은 줄곧 출가 무렵의 일들을 떠올렸다.

혜운 스승을 찾아 부리나케 상원사를 찾아갔으나 며칠 전 해인사로 떠나갔다는 말을 듣고 낙담했을 때의 일은 다시 생각해보아도 실소가 나왔다. 결국 이를 악물고 해인사로 달려가 1만 배를 올린 뒤에야 사미계를 받은 일, 강원을 마치기도 전에 수많은 선원을 찾아다니며 참선수행에 매진했던 일, 불영사에서 혼자 3년 결사를 마친 일, 은사가 오간 데 없이 행적을 감춘 일, 용성 선사를 찾아가 게송을 지어 바치고 결국 인가를 받아 사법제자가 된 일 등 출가 후 9년 동안의 일들이 주마등처럼 스쳐지나갔다.

생각해보면 고되고 파란만장했던 나날들이었다. 이런 욕을 보려고 출가에 마음 졸였을까 싶기도 했다. 자운은 그래도 출가하길 잘했다는 생각이 들었다. 당장 눈에 띄게 드러나는 건 아니지만 출가 이전과 비교했을 때 깨달음과 중생제도를 향해 자신의 수행이 상당한 수준에 이르렀다고 여겨졌다.

이런저런 생각을 하며 걷는 동안 어느새 월정사에서 상원사에 이르는 20리 길이 끝나고 있었다. 자운은 출가 전부터 그랬던 것처럼 문수전으로 올라가 삼배를 올린 뒤 조실로 찾아갔다. 출가 전엔 이름조차 얻어듣지 못한 한암 노장을 알현하고 가르침을 청하기 위함이었다.

한암은 이목구비가 뚜렷한 데다 특히 눈매는 이국적이면서 부리부리한 인상을 주었다. 자운이 삼배 후 자기소개를 올렸다.

"소승, 해인사로 출가한 성우라 합니다. 10여 년 전, 여기서 수행하시던 혜운 스님을 은사로 출가했습니다."

도력이 높은 한암은 자운의 그릇을 단박에 알아보았다.

"어서 와. 자네가 스승도 없이 공부 잘해 왔다는 말을 들었네. 그런 공덕이 아니었으면 어찌 용성 스님의 법상좌가 될 수 있었겠나. 잘 왔어."

노장의 따뜻한 환영을 받고 난 자운은 감격했다. 그러다가 겨우 생각을 가다듬고 여쭀다.

"큰스님께 여쭐 게 있습니다."

"뭔가?"

"오래 전에 스님께서 승가5칙을 내리셔서 월정사와 상원사 스님들이 철저히 지켜온다고 들었습니다."

"그랬지."

"하오나 소승은 그 5칙 가운데 계율 문제가 없는 것을 보고 의아하게 여겼습니다."

"계율이 빠졌다?"

"그렇습니다. 참선, 염불, 간경, 의식, 가람수호만 있지 계율을 철저히 지켜야 한다는 내용은 왜 빠졌는지 궁금합니다."

"그런 의문도 생길 법 하구만. 수행자가 기본으로 익혀야 할 삼학 중 첫째가 계학戒学인데 그걸 빼놓았으니 큰 잘못을 했구만 그래."

사실 한암처럼 계율에 철저한 스승도 없었다. 승속을 불문하고 계율이라는 건 어떤 굴레와 같은 것이다. 그러나 철저히 지키다 보면 어느새 계율의 속박을 의식하지 않게 되고 그런 수준이 되면 계율이 속박이 아니라 자유를 주는 것임을 알게 된다. 한암은 오래 전 그 수준을 넘은 상태였다. 그래서 승가5칙을 정할 때도 굳이 계율을 언급하지 않았다. 승가로서 계율을 철저히 지키는 건 당연한 일이기 때문이다.

한암의 답변을 듣고 난 자운은 오히려 불필요한 질문을 드렸다는 걸 느꼈다. 혈기 넘치는 자신의 우문에 대한 노장의 현답이었다. 그래서 급히 화제를 바꿔 용건을 말씀드렸다.

"소승, 전부터 계율을 깊이 공부하고 널리 알려 조선에 독버섯처럼 퍼지고 있는 왜색불교를 뿌리 뽑고자 합니다. 그런 취지에서 소승은 내일부터 적멸보궁에서 100일 문수기도를 올리고자 합니다. 허락해 주십시오."

"그렇게 훌륭한 발원을 했는데 내가 굳이 허락하고 말고가 어디 있겠나? 자네에게 필요한 게 있으면 무엇이든 도와줄 것이니 잘 회향해 보게."

그때 자운은 용성에 이어 한암의 자비로운 가르침과 지원을 받게 된 셈이었으니 세상을 모두 얻은 느낌이었다. 자운이 한암의 방에서 물러났을 땐 겨울 해가 일찌감치 기울고 있었다.

이튿날 새벽, 도량석과 함께 시작된 새벽예불을 모시고 난 자운은 발우공양을 마치자마자 중대의 적멸보궁寂滅宝宮으로 올라갔다. 상원사에서 비로봉 중턱을 향해 40여 분 정도 걸어야 나타나는 상원사 적멸보궁은 우리나라 5대 적멸보궁의 하나로 손꼽힌다. 신라 자장율사가 당나라에서 가져온 부처님의 정골사리를 643년(선덕여왕 12)에 모신 곳이다. 그 위에 '세존진신탑묘'로 불리는 50㎝ 정도 크기의 작은 탑이 새겨진 비석이 서 있고 앞에는 정면 3칸, 측면 2칸의 아담한 법당이 세워져 있다. 물론 법당 바깥에 진신사리를 모시고 있기에 내부엔 불상이 없다.

　중국 산시성 오대산五台山으로 유학했던 자장 율사가 신라로 귀국해 전국 각지를 순례하던 중이었다. 그때 백두대간의 중간쯤에 있는 지금의 오대산이 중국의 오대산과 지형이 흡사하다 하여 오대산이란 이름을 붙였다. 오대산은 문수보살의 상주처로 알려지는데 특히 『화엄경』에는 문수보살이 주석하는 곳을 '청량산清涼山'이라고 한다는 기록이 있어 오대산을 청량산이라고도 한다. 같은 취지로 한국의 오대산도 청량산이란 별칭을 가지고 있다. 실제로 적멸보궁이 들어선 자리는 앞이 툭 트여 전망이 좋고 사시사철 기운이 청량해 청량산이란 이름이 딱 어울리는 곳이다.

　오대산 중대의 적멸보궁에서 100일 문수기도를 발원한 자운은 그날부터 하루 20시간씩 기도를 시작했다. 처음 출가할 때 해인사에서 1만 배를 할 때만 해도 스승의 특별한 배려로 하루 7시간씩 사흘 동안 절을 올렸던 그였다. 그런 경험이 있음에도 하루 20시간씩 100일 기도를 한다는 것은 실로 초인적인 정신력과 체력이 요구되는 일이었다.

　자운이 참선을 비롯한 여러 가지 수행법 중에서 기도를 택하고 실행한 것도 그때가 처음이었다. 크게 천수경, 문수정근, 문수백팔예찬, 문수사리발원경 독경 등의 의식으로 이뤄진 문수기도를 해나가면서 자운은 줄곧 문수보살의 지혜로써 일제의 식민통치가 속히 끝나고 지계持戒를 통한 조선 불교의 빛나는 전통이 중흥

되기를 간절히 기원했다.

이처럼 자운은 참선 외의 수행법에 대해서도 깊은 관심을 가지게 되었다. 수행자로서 깨달음에 이르는 길에는 여러 가지가 있으며 참선수행은 그 중 하나일 뿐 그것만이 유일한 수행법이 아니라는 것, 그렇기에 각자 자신들의 근기에 맞춰 수행하면 된다는 이야기를 그는 이미 여러 고승들이나 선배들로부터 들어왔던 터였다. 훗날 그가 아미타사상에 깊이 천착하는가 하면 염불수행에 매진한 것도 그런 영향 때문이었다.

자운이 이 무렵 100일 문수기도를 올린 것은 문수보살에 대한 특별한 인연과 신념 때문이었다. 어머니 장씨가 그를 잉태할 때의 태몽이 문수보살과 관련될 정도로 인연이 있었다. 자운은 훗날 『문수성행록文殊聖行錄』이란 책을 편역했는데, 문수기도를 성취한 뒤의 감응에 보은하려는 취지에서 펴낸 책이었다. 자운은 그 책 서문에 다음처럼 기술하고 있다.

문수보살은 그 본 이름이 문수사리文殊師利입니다. 이 이름은 범어梵語 이름을 소리대로 한역漢譯한 것이며, 그 뜻은 묘길상妙吉祥 또는 묘덕妙德입니다. 그리고 묘음妙音이라고 하는 뜻도 있습니다.

문수보살의 이름이 지닌 이 같은 뜻은 모두가 문수보살의 위신력威神力을 나타내고 있습니다. 즉, 문수보살은 모든 중생에게 말로 표현할 수 없고 셈으로 셈할 수 없는 오묘한 길상吉祥을 줍니다. 그것은 또 문수보살의 깊고도 오묘한 덕德을 바탕으로 하고 있으며 중생 누구에게나 전해지는 오묘한 법음法音이 보살에게 있기 때문입니다…….

이 글에서처럼 자운은 문수보살의 깊고도 오묘한 가피로 이 땅에 계율을 널리 펴고자 했다. 아울러 그가 문수기도를 택한 다른 이유도 있었으니 그것은 곧 한국의 자장慈藏, 중국의 고심여형古心如馨 등 율사들이 모두 문수기도를 통해 율종을 중흥시킨 전례가 있었다는 점이다.

자장 율사의 경우 신라 선덕여왕 5년 때인 서기 636년에 당으로 유학해 오대산 문수보살상 앞에서 기도를 드렸다. 그 기도를 회향할 무렵, 문수보살이 현몽하여 자장에게 다음의 게송을 일러 주었다.

了知一切法　일체법을 명확히 알면
自性無所有　자성은 소유하지 않나니
如是解法性　이와 같이 법성을 이해하면
即見盧舍那　즉시 비로자나불을 친견하리라.

자장은 그 뒤 부처님 사리 등을 전해 받고 7년 만인 서기 643

년에 귀국한 뒤 경주 황룡사에서 이레 동안 『보살계본菩薩戒本』을 설했다. 그 뒤 선덕여왕의 후원으로 대국통大国統이란 승계에 올라 통도사를 창건하고 그곳에 부처님 사리를 봉헌했다. 이로써 통도사는 부처님의 진신사리를 모신 사찰이란 의미에서 오늘날 불보종찰佛寶宗刹로 불리고 있다. 자장은 그 뒤로도 『사분율 갈마사기』 1권, 『십송율목차기』 등 계율과 관련한 저술을 편찬했다.

중국 명말청초明末清初에 활약한 고심여형 율사도 당시 중국의 율종이 무너지는 것을 안타까워하며 자장 율사처럼 오대산 문수보살상 앞에서 간절히 기도하여 서상수계瑞祥受戒를 받았다.

불보살에게 기도해 계를 받는 일을 서상수계라 일컫는데 자기 자신에게 계를 주었다는 뜻에서 자서수계自誓受戒라고도 한다. 조선시대에도 극심한 숭유억불로 인해 승가의 계맥이 끊어졌을 때 이를 존속시키려는 뜻에서 서상수계를 받는 경우가 있었다. 월출산 도갑사의 대은大隱과 그의 스승 금담金潭 화상이 하동 칠불암 아자방에서 7일간 기도한 끝에 서상수계를 성취했다는 기록을 예로 들 수 있다.

이런 서상수계는 북방 대승불교권에선 인정되었으나 남방 상좌부 불교권에서는 용납되지 않았다. 그 대신 계맥이 끊어질 경우 근본 불교의 전통을 가장 잘 지키고 있는 스리랑카의 율사들을 초청해 수계식을 열고 그것으로 계맥을 잇는다.

하지만 북방의 대승불교 국가에선 남방 불교국가들과 같은 혜택을 누릴 수 없었기에 그 대안으로 서상수계의 전통이 유지된 것이다. 이는 『범망경』에도 규정되어 있는 내용이다.

『범망경』에는 '부처님께서 멸도하신 후 말세에 있어 신심으로 보살계를 받고자 하나 만약 자기가 거주하는 곳으로부터 천 리 이내에 보살계를 전설傳說해 줄 계사戒師가 없을 경우에는 불보살님의 형상 앞에서 스스로 수계할 것을 서원하고 7일, 27일, 37일로부터 내지 1년이라도 정성껏 기도하여 반드시 호상好相(서상瑞祥)을 보아야만 수계가 성취된다.'고 하였다.

자운은 서상수계를 성취한 옛 고승들의 영향을 받아 중국 오대산과 유사한 지형인 데다 문수보살의 상주처로 알려진 강원도 오대산으로 들어가 기도를 시작했던 것이다.

중대 적멸보궁에서 100일 기도를 입재한 그는 하루 20시간씩 초인적인 힘으로 기도를 이어 나갔다. 과연 그의 간절한 기도에는 신묘한 영험이 뒤따랐다. 기도를 시작한 지 99일째 되던 날 저녁 푸른색 사자를 탄 문수보살이 그에게 다가왔다. 그토록 염원했던 문수보살이 바로 눈앞에 나타나자 자운은 자신도 모르게 몸을 낮춰 절을 올렸다.

"아! 문수보살이시여."

"선재善哉로다, 성우盛祐 비구여. 그대는 조선불교의 승강僧綱을 회복하도록 더욱 정진하여라. 그대에게 이 계척戒尺을 내릴 것이니 금계禁戒를 굳게 지키고 불법을 다시 일으키는 데 활용토록

하라."

계척이란 계를 일러 줄 때 규율에 맞춰 법식을 진행하거나 독경할 때 박자를 맞추기 위해 쓰는 기구를 말한다.

자운이 고개를 들어보니 문수보살은 물론 그가 타고 있던 푸른 사자는 그새 홀연히 자취를 감췄다. 잠에서 깨어난 자운은 그 상서로운 꿈이 자신의 간절한 기도에 대한 문수보살의 응답이라고 확신했다. 『범망경』의 기록대로 호상을 본 것이니 서상수계를 받은 것이 틀림없었다.

그는 이튿날도 어김없이 20시간을 기도한 뒤 100일 문수기도를 아름답게 회향했다. 그날은 한암 노장의 분부로 100일 기도 회향을 축하하는 떡시루가 적멸보궁에 올려졌다.

기도를 모두 마치고 난 자운은 법당 앞에 서서 드넓게 펼쳐진 산 아래 풍광을 물끄러미 내려다보았다. 어딘가에서 천상의 화음이 울려 퍼지는 듯했다. 자운의 가슴속도 환희로운 기운으로 충만한 느낌이었다. 무슨 일을 하더라도 지난밤 꿈에 현몽했던 문수보살의 가피를 받아 능히 헤쳐 나갈 수 있겠다는 굳은 신심이 일어났다.

하지만 자운은 서상수계를 받고 난 후 탈진 상태가 되었다. 그는 며칠 간 푹 쉬며 심신의 건강을 회복한 뒤 출가 이후 줄곧 해왔던 참선수행을 하면서 틈틈이 지계持戒 운동을 어떤 방법으로 끌고 나갈지 모색해 볼 작정이었다. 이윽고 자운이 부처님의 정골사리를 향해 108참회를 한 뒤 상원사로 내려가자 한암 노장이 격려해 주었다.

"고생이 많았구나. 힘들고 벅찬 일을 잘 회향했으니 우선 몸부터 추슬러야겠다."

"그리하겠습니다."

자운은 한암의 분부대로 며칠 간 휴식을 취했다. 그러나 건강을 완전히 회복하기도 전에 청량선원으로 가 가부좌를 틀었다. 청량선원엔 안거 때가 아닌 산철인데도 구도열에 불탄 비구 예닐곱 명이 용맹정진 중이었다. 자운은 그들에게 뒤떨어지지 않겠노라며 눈을 부릅떴다.

그렇게 며칠이 지났을까?

그는 호흡을 할 때마다 가슴에 통증이 일어나는 걸 느꼈다. 처음엔 대수롭지 않았으나 차츰 정도가 심해졌다. 가끔 기침이라도 할라치면 미동도 할 수 없을 정도로 흉통이 일어났다. 함께 정진하던 한암 노장이 자운을 유심히 살펴본 뒤 따로 불렀다.

"성우 스님, 어디 아픈가?"

자운이 겨우 안색을 펴며 사실대로 고했다.

"며칠 전부터 숨을 쉴 때마다 가슴에 통증이 일어나는군요."

"그렇게 아픈 몸으로 무슨 수행을 하겠나? 어서 병원부터 가봐."

한암이 거듭 명하자 자운은 마지못해 상원사를 내려가 강릉의

한 병원으로 갔다. 의사가 자세히 진찰하고는 늑막염이란 진단을 내렸다. 입원하여 일주일쯤 치료를 받으면 낫는다는 말도 덧붙였다. 당시 교통 사정상 강릉과 오대산을 쉽사리 오갈 수 없었던 그는 결국 입원해 치료를 받았다.

다시 상원사로 돌아간 자운은 그 해 가을, 한암 선사로부터 견성見性한 것을 인가 받고 금강산으로 향했다. 이렇듯 자운은 용성과 한암 등 당대의 큰 스승들로부터 그 오도의 경지를 인가받았을 뿐만 아니라 계율의 재건에 힘쓸 것을 부촉咐囑 받았다. 하지만 그는 아직도 자신의 공부가 미진한 것으로 여겨 오대산을 떠나 금강산 마하연摩訶衍으로 향했다.

용성
선사의
유훈

榆점사楡岾寺의 말사인 마하연은 661년(신라 문무왕 17)에 의상 대사가 창건한 고찰로 해발 846m나 되는 고지에 터 잡은 곳이다. 당시 마하연은 최고의 참선수행처로 손꼽히던 도량이었다. 그래서 '북마하 남운문南雲門' 또는 '북마하 남운부南雲浮'란 말이 생겨날 정도였다. 여기서 운문은 장성 백양사 운문암을, 운부는 팔공산 은해사 운부암을 각각 가리킨다. 이 말로 볼 때 남녘의 선방 중 운문암과 운부암은 우열을 가리기 힘들 정도인데 북녘의 마하연은 요지부동의, 최고의 선방임을 짐작할 수 있다. 이처럼 첫손에 꼽히는 수행처이던 마하연은 6·25전쟁 때 전소되어 지금은 터만 남아 있다.

늦가을로 접어든 마하연은 어느새 오금이 저릴 만큼 쌀쌀했다. 한 겨울을 지낼 채비를 갖추고 마하연 선원에 도착한 자운이 방부를 들였다. 화대火台 소임이 그에게 돌아왔다. 불을 때어 방안의 온도를 알맞게 맞추는 소임이다.

자운이 방부를 들이고 난 이튿날 별난 스님을 만났다. 그는 2년

전인 1936년에 출가했다는 성철性徹이었다. 당시 성철의 수행은 참으로 간절하고도 지독했다. 하루 온 종일 돌부처처럼 앉아 화두에 몰두한 나머지 점심공양이나 방선을 알리는 죽비소리를 놓친 적이 한두 번이 아니었다. 저녁 일과를 마친 뒤에는 어디서 구한 것인지 일본이나 서양의 원서들을 펼쳐 놓고 책을 읽는 데 여념이 없었다. 속랍으로 치면 자운이 한 살 위였고 승랍으로도 9년이나 앞섰다. 자운에 비해 세속 나이나 수행 이력이 모두 늦은 성철이었으나 수행의 자세만큼은 돌부처와 다름없었다. 입선이 시작되면 방선할 때까지 미동도 없는 성철을 보며 자운뿐만 아니라 도반들 모두가 혀를 내둘렀다.

당시 성철과 자운은 선방 수좌라는 동질성을 가졌을 뿐 특별히 친한 사이는 아니었다. 성철은 선사의 기질을 타고난 데 비해 자운은 율사로서의 엄격함과 자비로운 성품을 가졌기에 일맥상통한다기보다 서로의 단점을 보완하는 관계라 할 수 있었다.

자운이 일찌감치 불영사 수선결사 때 유일하게 3년이란 기한을 지킨 비구였으며 용성과 한암 선사로부터 법을 인가받았다는 이야기는 당시 수행자들 사이에 널리 회자되고 있었다. 반면 성철은 두뇌가 명석하고 독학으로 동서양의 과학과 철학서를 두루 꿰고 있는 박학다식에다 철두철미한 수행으로 도반들의 혀를 내두르게 만든 인물로 소문이 나 있었다. 대신 시비가 분명해 그의 성격을 모르는 사람들로부터 오해를 받기도 했다.

수행과 계율에 철저했던 성철이었으나 훨씬 연상인 몇몇 스님들에겐 친구처럼 격의 없이 지내 왔다. 가장 대표적인 인물이 청담靑潭이었다. 경남 진주 출신의 청담은 1902년생, 성철은 1912년생이니 두 사람은 꼭 10년 차이가 났다. 그러나 어찌된 셈인지 성철은 청담에게 말을 놓았으며 허물없는 도반으로 지냈다. 청담과 성철은 1941년에 만공滿空이 머물던 정혜사에서 처음 만났는데 보자마자 전생부터 이어져 온 인연 같은 걸 느꼈다. 그래서인지 청담은 "나와 성철 스님은 전생에 부부였던 모양이다."라 했고, 성철은 "우리 사이는 물을 부어도 새지 않는 사이."라고 단언할 정도였다.

성철은 절친한 도반인 향곡이나 10년 연상의 청담을 대할 때처럼 자운에게도 격의가 없었다. 특히 성철, 향곡, 자운 세 사람의 관계는 더없이 돈독했다. 공교롭게도 1911년생인 자운은 1992년에, 1912년생인 성철은 한 해 뒤인 1993년에 열반해 향년享年마저 같았다.

성철은 절집의 사숙에 해당하는 자운을 친한 도반으로 여겼고 자운 또한 나이나 법랍, 절집의 촌수를 내세우지 않고 성철을 대했다. 두 사람은 1947년, 문경 대승사 시절부터 부쩍 가까워졌다.

1940년 음력 1월 15일, 마하연 동안거를 해제한 자운은 본래 계획한 대로 서울 대각사를 향해 걸음을 옮겼다. 며칠 후 자운이 대각사에 도착하고 보니 무슨 일인지 사중 분위기가 침통한 듯했다. 용성 노장이 얼마 전부터 병석에 누워 계시다는 소식이었다. 자운이 마지막으로 뵐 때만 해도 꼬장꼬장하셨는데 그만 세월의 무게에 눌린 것인가.

"노스님, 소승 성우입니다. 마하연 선원에서 동안거를 마치고 오는 길입니다."

자운이 오체투지 후 문안을 여쭸다.

"그래, 성우가 왔구나. 성우가……. 고생 많았다."

"중으로서 당연히 해야 할 일인데 무슨 고생입니까? 그나저나 노스님, 환후는 어떠신지요?"

"으응, 괜찮아."

자운은 속으로 안도의 한숨을 내쉬면서도 노장이 부쩍 수척해졌다는 느낌이 들었다. 스승처럼 늙어 병드는 것은 인생의 당연한 수순이었다. 누구도 막을 수 없는 세월의 힘이 그렇게 육체에 작용하는 것, 그게 인생이었다. 그래도 자운은 안타깝고 아쉬운 게 많았다. 일제의 탄압에 맞서 줄기차게 항거했고 바른 불법과 계율을 일으켜 세우려 노력한, 당대의 흔치 않은 스승 아닌가.

처음엔 대수롭지 않았던 용성의 병세는 날이 갈수록 깊어졌다. 용성 선사가 위급하다는 소식을 듣고 경향 각지에서 제자들이 모여들었다. 하지만 용성은 쉽사리 열반에 들지 않았다. 이따금 부는 돌풍에 금세 꺼질 듯하던 촛불이 기적적으로 살아나 다시 빛을 발하는 것만 같았다. 스승의 병석을 지키던 제자들은 차츰 들락날락했다. 병세가 위독하다는 연락이 닿으면 사방으로 흩어졌던 제자들이 운집했는데 그럴 때마다 용성은 언제 그랬느냐는 듯 멀쩡하게 깨어나길 세 번이나 반복했다. 제자들이 지칠 만도 했다.

"노장님이 평소에 인삼을 많이 드셨다더니 열반하시는 게 쉽지 않은 모양일세."

"소승도 그런 말씀을 들은 바 있습니다. 과연 인삼의 효능이 뛰어난 모양입니다. 하지만 저리 고생하시는 걸 보면 인삼을 많이 드시는 것도 좋은 일은 아닌가 봅니다."

"그래서 과유불급이란 말도 있잖은가."

실로 용성은 3·1운동으로 옥살이를 한 것을 비롯해 불법을 널리 전하기 위해 다방면으로 활약한 나머지 몸이 쇠약해졌고 그럴 때마다 인삼을 복용해 원기를 회복하곤 했다. 그런 이유에선지 마지막 순간에도 쉽사리 눈을 감지 못해 상좌들이 들락날락했다. 하지만 자운만큼은 스승의 곁을 잠시도 떠나지 않았다. 그는 종일 스승의 방을 지키며 병세를 살피고 온갖 수발을 들었던 유일한 상좌였다. 덕분에 사형들은 마음 놓고 볼일을 보러 다녔다.

그렇게 자운이 대각사로 돌아가 스승을 보살피며 한 달 남짓 지난 2월 24일이었다. 아침나절에 용성 선사가 제자들을 찾았다.

"성우야, 다들 어디 갔느냐?"

자운은 스승이 유언을 남기려 한다는 것을 알아차리고 경내뿐만 아니라 사형들이 거처하는 인근 사찰에 급히 연락했다. 순식간에 10여 명이 넘는 문도들이 모여들었다.

용성이 제자들을 두루 돌아본 후 일일이 이름을 불러 유훈을 남겼다. 마지막으로 자운 차례가 되었다. 자운은 무릎걸음으로 다가가 스승이 내민 손을 잡았다. 따듯한 기운이 전해졌다.

"성우야, 병석을 끝까지 지키느라 고생 많았구나. 너는 이 나라에 전하고 있는 율장을 잘 정리해 계율을 확립하도록 해라. 계정혜 삼학 중 계를 맨 앞에 내세우는 이유를 잘 알고 있겠지?"

자운은 그만 목이 메어 쉽게 답할 수가 없었다.

"……네에, 스님."

그 말을 끝으로 용성은 편안히 눈을 감았다. 임종했던 문도들의 입에서 슬픈 탄식이 한꺼번에 터져 나왔다. 스승의 열반 이후의 일들을 차분히 준비해 왔던 문도들이 저마다 자운에게 한마디씩 건넸다.

"성우 스님. 그동안 스승님의 수발을 드느라 고생 많았네."

그래서였는지 훗날 범어사 대밭 숲에 세워진 용성의 비문 중 '문도질門徒秩'에는 자운에게 사랑 애愛자를 붙여 '애법제자 자운 성우愛法弟子 慈雲盛祐'라 새겨져 있다.

3년간의
율장 필사

용성 선사가 열반한 뒤 여법하게 다비를 치른 뒤였다.

어느새 경성 거리는 봄빛으로 물들고 있었다. 소공동 조선총독부 도서관 주변에는 매화에 이어 목련, 배꽃, 복숭아꽃이 앞 다투어 피어나 책을 열람하러 오는 방문객들의 탄성을 자아냈다. 그런 사람들 중엔 가사와 장삼을 수한 젊은 비구 자운도 있었다.

지금의 국립중앙도서관은 본래 1945년 광복 후 개칭된 '국립도서관'에 그 연원을 두고 있다. 국립도서관이란 명칭 이전까지는 1923년에 설립된 후로 '조선총독부 도서관'이라 했으며 소공동 남별궁 터에 소재하고 있었다. 당시 총독부 도서관이 소장했던 장서의 수는 28만 책이었다. 따라서 시중에서는 눈을 씻고도 찾아볼 수 없는 희귀한 도서들도 상당수 소장되어 있었다.

처음 도서관에 찾아간 자운이 두리번거리자 조선인 사서가 물었다.

"스님, 무슨 책을 찾으십니까?"

그때의 여느 공공기관에서처럼 총독부 도서관도 관장을 비롯한 요직은 일본인들이 맡고 있었으며 실무직은 조선인이 담당하고 있었다.

"이곳에 만속장경卍続蔵経이 소장된 것으로 알고 있소만……."

자운이 조심스레 말하자 사서는 대뜸 아는 체를 했다.

"맞습니다. 10여 년 전 본국에서 들여와 소장하고 있습니다. 당시 조선인 스님들 사이에 화제가 된 적이 있다고 들었습니다."

만속장경은 일본이 러일전쟁에 승리한 것을 기념하는 뜻에서 1905년부터 1912년 사이에 편찬한 만자장경卍字藏經을 보완한 불교총서로 일명 대일본속장경이라고도 한다. 모두 150책, 1,660부, 6,957권의 방대한 분량으로 구성되어 있다.

만속장경이 소장되어 있다는 사서의 말에 자운은 일단 안심하면서도 '본국'이란 말이 귀에 거슬렸다. 식민통치를 받던 때였으니 통치의 주체인 일제를 본국이라 지칭하는 게 일반적이었으나 그에겐 언짢게 들렸다. 자운은 식민통치를 받던 피지배민족의 설움을 다시금 절감하며 도서관 내부를 돌아보았다.

당시 그에겐 율학에 대해 전문적이며 체계적으로 가르쳐 줄 스승도 없었고 율장에 관한 판본이나 주석서도 매우 희귀했다. 고려대장경이 한글 번역은커녕 활판으로 된 인쇄본도 구하기 어려운 때라 열람하는 게 거의 불가능하던 시절이었다. 따라서 일본의 불교 학자들이 편집하고 출판한 만속장경에 의지할 수밖에 없었다. 자운은 만속장경에서 5부 율장을 찾아보기로 했던 것이다.

"그 책을 보려면 어떻게 해야겠소?"

"따라 오십시오."

사서는 2층 서고의 안쪽 서가로 자운을 안내했다. 거기에 만속장경 150책이 가지런히 꽂혀 있는 게 보였다. 자운이 찾던 5부 율장도 있었다.

"여기 있습니다. 도서관 안에서는 얼마든지 볼 수 있으나 관외 대출은 불허합니다."

이렇게 말문을 연 사서는 다소 사무적이며 딱딱한 말로 여러 가지 주의 사항을 일러 준 뒤 발길을 돌렸다. 하긴 조선에 한 질밖에 없는 책이니 관외 대출이 될 리도 없었고 자운 또한 그걸 기대하지도 않았다.

석가모니 부처님이 열반한 뒤 100년 경 아소카 왕의 스승 우바국다優婆鞠多가 전부터 전하던 율장을 5부로 분류했는데 이를 5부 율장이라 한다. 좀 더 구체적으로 담무덕부율(사분율), 살바다부율(십송율), 마사색부율(오분율), 가섭유부율(해탈율), 바추부라부율(마하승기율)을 일컫는다.

만속장경, 신수대장경 등에 수록된 5부 율장을 찾아낸 자운은 일을 시작하기도 전에 뿌듯했다. 앞으로 얼마나 걸릴 지 알 수 없었으나 그 율장의 본문뿐만 아니라 주소註疏까지 한 글자도 빠짐없이 필사할 의욕으로 불타올랐다. 그에게 율장의 필사작업은 처음이 아니었다. 출가 후 여러 해의 수련 기간이 지나 일봉경념 율사로부터 비구계를 받은 뒤 5부 율장을 필사한 일이 있었기 때문이다. 하지만 그때는 5부 율장이 온전한 형태도 아니었고 여기저기 10여 년 이상 옮겨 다니며 수행한 나머지 필사했던 흔적마저 어디론가 흩어지고 말았던 것이다.

자운은 총독부 도서관에 5부 율장이 소장돼 있음을 확인한 그 이튿날 아침부터 날마다 그곳으로 출근해 율장 필사 작업을 시작했다. 단순히 율장 자체만 필사한 게 아니라 그 주해註解와 소疏를 일일이 필사하고 그것을 깊이 연구해 나갔다. 필사 작업 중 일부는 자운 자신이 필사했으나 워낙 방대한 작업이라 일부는 필경사筆耕士를 고용해서 진행했다. 이때 필경사가 필사한 책은 석암에게 전했는데 지금은 부산 내원정사에 보존되고 있는 것으로 알려진다.

지금의 종로구 봉익동 대각사에서 중구 소공동까지는 걸어서 30분 정도 거리다. 아주 먼 거리는 아니지만 그렇다고 쉽게 갈 수 있는 거리도 아니었다. 자운은 그 길을 날마다 왕복하며 미리 준비해간 공책에다 율장과 주해와 소를 옮겨 적었다. 한 자 한 자 정성을 다해 필사하면서 자운은 때때로 부처님의 육성을 직접 듣는 듯한 착각에 빠져들고는 했다. 그러니 그 작업은 단순한 필사가 아니라 부처님 열반 후 칠엽굴에서 경전을 결집하던 제자들의 자세와 다름없는 것이었다.

당시 자운에게 5부 율장의 위치를 알려 주었던 사서는 자운이 꽃이 피나 구름이 끼나, 비가 오나 눈이 오나 출근해 필사작업을 해 나가는 모습을 유심히 지켜보면서 그 정성에 감동했다.

자운은 삼복염천에도 반드시 가사와 장삼을 여법하게 수하고 봉익동에서 소공동을 아침저녁으로 왕복했다. 독일의 철학자 칸트가 산책하는 시간을 보고 마을 사람들이 정확한 시간을 알아차렸다는 일화가 남은 것처럼 자운이 총독부 도서관으로 '출근'했다가 '퇴근'하는 시간도 늘 일정했다. 처음 자운이 가사장삼을 수하고 땀을 뻘뻘 흘리며 도서관으로 들어서자 한 젊은 사서가 혼잣말로 비웃었다.

"아이구, 답답한 스님일세. 이 삼복더위에 저리도 꽁꽁 싸매고 다닐 게 뭐람. 시원한 모시적삼 같은 걸 입으면 누가 뭐랄까."

그때 자운을 처음 안내했던 사서가 그 후배를 타일렀다.

"저게 바로 스님네들의 법도일세. 난 저 분의 한결같은 모습이 늘 존경스럽네. 다신 비웃지 말게."

그러던 어느 날 그 사서가 자운에게 물었다.

"스님, 날마다 경전을 옮겨 적느라 얼마나 힘드십니까?"

"아닙니다. 이 나라 승려들을 대표해 내가 그 일을 맡은 것이라고 생각하면 자랑스럽고 기쁩니다. 한 자라도 더 빨리 적지 못하는 게 안타깝지만 더디더라도 정확하게 적고자 합니다."

"그렇게 경전을 옮겨 적는 이유라도 있으신가요?"

"두 가지 목적이 있지요. 하나는 필사하면서 내 스스로 율장을

공부하는 것이요, 다른 하나는 필사를 원고로 삼아 책을 펴내어 우리나라 각 사찰과 모든 스님들에게 법보시를 하려는 겁니다."

"율장을 널리 전하시겠단 말씀이군요?"

사서의 말에 자운이 고개를 끄덕였다.

"그렇습니다. 그러니 이 일이 힘들기는커녕 재미있고 하루하루 보람을 느낍니다."

그때 사서는 잠시 뜸을 들인 후 한 가지 제안을 했다.

"저는 스님의 깊은 뜻을 잘 모르겠지만 그처럼 고생할 필요가 있을까 싶군요. 차라리 본국에 연락해 만속장경 한 질을 구하시는 게 어떻습니까?"

그때 자운이 빙긋이 웃고는 대꾸했다.

"나 또한 그런 생각을 안 해본 게 아닙니다. 책을 구입할 비용을 시주하겠다는 신도들도 있고요. 하지만 이건 내게 일의 효율이나 시간 절약을 따질 문제라기보다 수행의 문제입니다. 우리 승려들이 매일 예불을 모시고 참선수행을 하고 독경과 염불을 하듯 율장을 필사하는 건 내게 수행과 매한가지입니다. 특히 오래전부터 율장을 널리 전파하겠다는 원을 세웠으니 이 정도의 정성과 노력은 당연히 필요합니다. 힘이 들더라도 반드시 내 힘으로 필사를 마칠 것입니다."

그 말이 끝나고서야 사서는 머리를 끄덕였다.

"듣고 보니 그 말씀도 일리가 있군요. 스님의 정성과 노력에 감동할 뿐입니다."

1940년 봄에 시작된 그 일은 1942년 이른 봄에야 회향되었다. 참으로 지난한 시간들이었다. 과로한 나머지 폐렴과 눈병이 났고 그래서 일을 중단한 적도 있었다.

"스님, 아무리 계율을 전하는 일도 좋지만 먼저 건강을 생각하셔야지요."

자운이 폐렴으로 며칠간 병원 신세를 지게 되자 문병하러 갔던 신도들이 말했다.

"스님, 이젠 좀 편히 지내세요. 지난번에 말씀드린 것처럼 만속 장경은 저희가 법보시를 해드릴 것이니 무리하지 마세요."

신도들이 이렇게 간청해도 자운의 대답은 한결같았다.

"말씀은 고맙지만 그 뜻만 받겠습니다. 대신 나중에 책을 인쇄해 전국 각 사찰로 법보시를 할 땐 돈이 적잖게 들어갈 텐데 그때 조금만 도와주시렵니까?"

"스님의 고집은 부처님도 못 말린다니까요. 얼마든지 도와드릴 것이니 어서 건강이나 챙기세요."

이런 우여곡절 끝에 율장 필사와 연구를 마친 자운은 5부 율장과 그 중에서도 사분율장四分律藏 등 대·소 율장에 정통한 학승으로 이름을 떨치기 시작했다. 그 후 책을 내기 위해 원고를 정리하면서 다시금 율장을 깊이 있게 연구해 나갔다. 그러는 동안 계율에 관한 지식이 크게 늘어 당시 승가에서 계율을 논할 때 자운을 빼놓고는 이야기를 할 수 없는 정도가 되었다.

자운은 필사한 율장 중에서 승가 대중에게 보급할 도서 목록을 정리해 나갔다. 그 결과 『범망경』, 『사미율의』, 『사미니율의』, 『비구계본』, 『비구니계본』 등을 우선 펴내기로 했다.

당시의 인쇄술로 책을 펴내기 위해서는 활자를 일일이 조판한 뒤 여러 차례 교정을 거쳐 지형紙型을 완성시킨 다음 그것을 인쇄 가능한 연판으로 다시 제작해 인쇄기에 거는 절차가 필요했다. 자운은 한꺼번에 많은 책을 펴낼 수 없었던 사정상 우선 모든 책들의 지형을 떠 보관했다가 시주금이 생길 때마다 책을 낼 작정이었다.

총독부 도서관을 다니며 계율의 필사와 연구에 전념했던 자운은 같은 해에 합천 해인사로 내려갔다. 다시 수행에 집중하면서 지친 심신도 치유하려는 목적이었다. 산사의 청량한 솔바람 덕택에 그의 몸과 마음은 금세 회복되고 있었다. 그러던 무렵, 한 사내가 그를 찾아와 말했다.

"스님을 은사로 모시고 출가하고자 합니다."

자운은 깜짝 놀라며 되물었다.

"내게 출가를 하겠단 말이오?"

"그렇습니다. 저를 제자로 받아들여주십시오."

사내가 굳은 각오를 말하자 자운은 더욱 난감한 표정이었다.

"난 법랍도 짧고 아직은 상좌를 둘 만한 나이가 아니오. 거사는 올해 몇이시오?"

"스물여덟 살입니다. 비록 지금 출가하면 늦깎이란 소리를 듣겠지만 스님의 제자로서 열심히 수행에 전념하겠습니다."

이 해에 자운의 법랍은 14년, 속랍 32세였다.

자운은 한동안 망설였으나 결국 그를 사제師弟가 아닌 상좌上佐로 받아들이기로 했다. 네 살 정도의 연령차라면 은사 혜운 스님에게 출가시켜 자신의 사제가 되도록 하는 게 마땅했다. 하지만 혜운 스님의 행방이 묘연한 데다 생사조차 분명치 않으니 하는 수 없었다.

자운은 자신의 첫 번째 제자의 머리를 깎아주고 사미계를 내렸다. 그때 보경寶瓊이란 법명도 지어주었다. 보경은 출가 후 금강산 유점사, 합천 해인사 등 제방선원에서 참선수행에 몰두했다. 그는 평생 허름한 누더기 한 벌로 근검절약하며 수행 정진한 선지식善知識이었다.

보경은 출가 후 10년째 되던 1952년에는 부산시 진구 전포동에 자리 잡은 감로사甘露寺에 주석했다. 감로사는 본래 신라 때 원효대사가 창건한 고찰로 오랫동안 영원암靈元庵이라 불렸다. 그후 사세가 기울어 우담화란 보살의 개인 사찰로 유지되었다. 그러던 1947년, 신심 깊은 천진심 보살이 유정화, 보광연 등 보살들에게 제안했다.

"우리가 영원암을 매입해 자운 스님께 보시하면 어떻겠습니까?"

두 보살은 흔쾌히 그 제안에 동의했다.

"자운 스님은 아직 젊으시지만 계율에 철저하시고 원력이 크
셔서 많은 불자들의 존경을 받고 계시지 않습니까? 그런 도량을
자운 스님께 드린다면 큰 복을 짓는 일이니 미력하나마 돕겠습
니다."

이렇게 뜻을 모은 세 보살은 천진심 보살의 주도하에 영원암을
매입한 뒤 당초의 약속대로 자운 앞으로 등기를 해 놓았다. 우연
히 그 사실을 알게 된 자운이 보살들에게 당부했다.

"보살님들의 성의는 고맙지만 중이 무얼 소유한다는 건 부질없
는 짓이오. 그 뜻만 받겠습니다."

보살들도 완강했다.

"저희가 절을 가져서 뭐합니까? 부디 스님께서 거처하시며 훌
륭한 수행 도량으로 가꿔 주십시오."

이에 자운이 마지못해 받아들여 처음으로 자신의 이름으로 된
도량을 가지게 되었고 1951년에는 사찰명도 감로사로 개칭했다.

황령산 자락에 자리 잡은 감로사는 오래 전부터 기도 성취가
잘되는 도량으로 알려져 왔다. 뿐만 아니라 효험이 좋은 석간 약
수터가 있어 불자들은 물론 일반 시민들의 사랑을 받아 왔다. 사
람들이 그 약수를 감로수라 부르며 즐겨 마셨다 해서 감로사란
새 이름을 얻은 것이다. 6·25피난 시절에는 감로사 아래 동네의

피난민 700세대가 그 절 약수를 마시며 어려운 시절을 견뎌내기도 했다.

감로사 약수터는 주조회사로 유명한 '진로'와도 관련이 깊다. 다른 두 보살에게 권선勸善해 감로사를 자운에게 시주하는 데 앞장선 천진심 보살의 아들은 본래 부산 초량에서 정미소를 하다가 소주를 만들어 팔겠다는 구상을 했다. 이에 천진심 보살이 자운을 찾아와 그 소주회사의 이름을 지어 줄 것을 청했다.

"보살님의 법명이 천진심이니 그 이름 중 '진'자를 따고 이 절의 이름 중 이슬 '로'자를 따서 진로라고 하는 게 좋겠습니다."

자운은 이렇게 답한 뒤 감로사 약수터 연못에 두꺼비가 많이 사는 것에 착안해 진로의 상표를 두꺼비로 정해 주었다.

감로사는 보경과 그의 상좌 혜총 등의 중창불사에 힘입어 오늘날처럼 부산의 중심적인 도심포교당으로 자리 잡게 되었다. 보경은 1952년부터 이 절에 머물면서 타고난 절약 정신과 부지런한 운력, 수행의 힘으로 사찰을 중창시켜 나갔다. 특히 6·25전쟁의 상흔을 입은 국민과 불자들을 위해 염불원念佛院을 개창했는데, 그 결과 감로사 신도들은 참회와 지계, 염불수행을 수행가풍으로 삼아 정진하고 있다.

여러 후학들의 연구에 따르면 자운은 37세 이전이던 1947년까지는 계율연구와 참선수행에 전념했고 이후로는 염불에도 깊은 관심을 갖게 되었다. 그래서 율장을 연구하는 한편 염불을 겸해 수행했다. 그 뒤 1953년, 양산 통도사에서 석암, 종수 등 네 명의 중견 비구에게 비구계를 중수重受한 이후로는 본격적으로 염불수행에 전념했다.

자운의 염불수행은 계율을 지키면서 하는 수행이며 오로지 아미타불 명호 한 가지만을 부른 게 아니고 진언을 겸수했던 게 특징이다. 나중의 일이지만 그의 일과는 매일 아미타불 칭명염불을 수만 번씩 하였으며 아울러 정토진언을 주력하는 것으로 이뤄졌다. 그리고 염불신앙을 고취할 수 있게 자발적인 신행단체가 조직되었는데 그 첫 번째 경우가 대동염불회였다. 훗날 신심 깊은 대동염불회 회원들은 서울 정릉에 주택을 사들여 보국사란 사찰을 창건해 지금까지 수행을 이어 오고 있다.

해방,
한국불교의
본래면목을
찾아라

1945년 8월 15일, 일제의 패전에 따라 한반도는 해방을 맞았다. 당연히 정치, 경제, 사회, 문화 등 모든 분야에서 대변혁이 일어났다. 불교계도 마찬가지였다. 불교계에선 1945년 9월 22일부터 이틀간 서울 태고사에서 전국승려대회를 열었다. 각 본산의 대표 등 모두 60여 명이 참여해 일제 식민지 불교의 잔재를 청산하려는 원칙을 밝히고 식민지 불교의 상징인 사찰령과 그 시행세칙을 모두 폐기했다. 아울러 새로운 교단 기구를 조직했는데 새 교단 집행부는 교정敎正으로 박한영, 총무원장으로 김법린 스님을 각각 추대했다.

1946년 3월에는 제1회 중앙교무회의를 열고 조선불교교헌을 제정해 통과시켰다. 이 교헌에 따르면 종단 명칭을 기존의 조계종에서 '조선불교'라고 바꿨다. 교헌 제1조를 보면 '불교가 고구려 소수림왕 2년에 전래한 이래 역사적으로 지역적으로 조선적 전통과 형태를 가지게 된 것을 조선불교라 칭함.'이라고 하여 조선불교란 명칭의 배경을 설명하고 있다. 그리고 제2조에는 '원효성사의 동체대비의 대승행원을 수修하며 보조국사의 정혜쌍수에

의하여 직지인심 견성성불을 위주로 함으로써 교지敎旨로 함.'이라 규정하였다.

이 무렵에는 불교청년당을 비롯한 수많은 불교 혁신단체들이 등장해 불교를 개혁하려는 움직임을 보였다. 혁신단체는 차츰 교단 집행부와 대립하기 시작했는데 나중엔 독자적인 개혁을 추진하겠다며 조선불교혁신총연맹을 발족시켰다. 그 뒤 교단과의 대립은 1948년까지 계속되었다. 이와 같은 대립과 반목, 혼란은 당시 사회의 전반적인 현상이기도 했다.

한편 1945년 9월에 열렸던 전국승려대회에서는 모범총림 건설, 선학원 확장, 지방선원 자치제 등 여러 가지 개혁안이 제기되었다. 그러나 종단에서는 모범총림 창설만 받아들였는데, 이는 수행에 전념하는 스님들을 지원하고 도제를 양성하기 위함이었다. 당시 전국 사찰에서 수행하던 이른바 청정비구는 약 300여 명이었고 대처승은 7,000여 명이었다. 절대 다수를 차지하고 있던 대처승들이 전국의 주요 사찰을 모조리 차지하고 있어서 청정비구들은 머물며 수행할 도량이 절대적으로 부족했다. 따라서 청정비구들에겐 수행할 공간이 절실했고 교단에선 이와 같은 비구들의 여망에 따라 모범총림을 설립하기로 한 것이다. 총림은 선원, 강원, 율원, 염불원 등을 종합적으로 갖추고 스님들이 집단으로 모여 수행할 수 있는 도량을 가리킨다.

해방을 전후한 시기에 자운은 청담, 성철 등 10여 명의 도반들과 더불어 문경 대승사 쌍련선원(지금의 대승선원)에서 1944년 동안거 및 1945년 하안거를 했다. 그런 가운데 성철을 비롯한 선승들은 불교계를 개혁하는 일에 골몰했다. 그 결과 종단 개혁의 청사진이 만들어졌다.

1945년 쌍련선원 하안거 중 해방을 맞았을 때였다. 성철이 대중들 앞에 나서서 선언했다.

"이제 해방을 맞았으니 이곳에 모인 우리들부터 왜색에 물든 불교계를 부처님 법대로 정화하고 종단을 개혁하는 데 앞장섭시다. 불교계를 개혁하려면 총림부터 설립해야 합니다. 그 총림을 먼저 해인사에 설립하고 조실로는 효봉 스님을 모십시다. 그리고 선원은 내가 맡아 이끌어가며 강원은 운허 스님과 춘원 이광수 거사가 맡아 경전을 가르치고 율원은 계율을 제대로 연구한 자운 스님이 맡아 이끌어 가야 합니다. 이렇게 총림을 설립해 부처님 법대로 수행하고 후학들을 길러 내는 일이 바로 불교개혁의 첫걸음이 되지 않겠습니까?"

이때 성철 등 스님들이 결의했던 내용 대부분은 그 해 9월에 열린 전국승려대회 때 채택되어 해인사에 모범총림을 설립하는 기초가 되었다. 그리고 1년 만인 1946년 10월, 해인사를 모범총림으로 설립하기에 이르렀고 한 달 뒤에는 효봉 선사를 총림의 조실(방장)로 추대함으로써 본격적인 수행과 후학 양성이 시작되었다.

가야총림의 초대 조실로 추대된 효봉은 그 직전까지 송광사 삼일암 선원에 주석하며 수많은 후학들을 양성하고 있었다. 그는 본래 평양복심법원에서 법관으로 있었으나 한 독립지사에게 사형 선고를 내린 일에 심한 가책을 느끼고 스스로 판사직에서 물러났다. 그 뒤 3년 동안 엿판을 메고 전국 곳곳을 방랑하며 참회의 시간을 보내다 금강산 신계사로 출가해 비구가 되었다. 그는 늦깎이인 만큼 남들보다 각고의 노력으로 수행을 해나가다 나중엔 금강산 법기암 부근에 문 없는 토굴을 만들고 1년 6개월 동안 치열하게 수행하던 끝에 큰 깨달음을 얻었다.

이후 금강산의 여러 사찰에서 수행했으며 한암, 만공 등 당대 최고의 선지식들로부터 인가를 받았다. 송광사 삼일암에 10년 동안 주석할 때는 보조국사의 '목우가풍牧牛家風'을 계승, 선양했으며 수많은 후학들을 양성했던 것이다.

효봉이 가야총림의 조실로 추대된 이후 해인사에는 110명의 청정비구들이 모여 수행에 매진하게 되었다. 그러나 문제가 있었다. 총림을 운영할 비용이 절대적으로 부족하다는 점이었다. 효봉의 맏상좌인 구산九山, 선원의 입승立繩으로 있던 청담 등 중견 스님들이 매일처럼 속세로 나가 탁발을 해 와야 하루하루 끼니를 이을 수 있는 지독한 가난이 이어졌다.

이보다 앞선 1946년 4월, 서른여섯 살의 자운은 대덕大德이란 법계를 받았다. 이때 그는 비로소 자운慈雲이란 호를 짓게 되었는데 이 법호는 오늘날까지 그를 부르는 일반적인 이름으로 쓰이고 있다.

가야총림이 설립될 무렵, 자운은 팔만대장경 판전에서 100일 동안의 문수기도를 시작했다. 판전은 그의 믿음에 힘을 북돋아 준 충전의 장소였다. 맨 처음 그가 혜운을 찾아 출가의 뜻을 밝혔을 때도 사흘 동안 일만 배의 기도를 회향했던 신심 고양의 수도처가 된 곳이었다. 자운은 오대산 상원사에서 100일간 문수기도를 올린 것에 더해 처음 출가할 때의 특별한 각오를 가지고 문수기도에 매진하며 불보살의 가피로 계율을 널리 홍포하고자 발원했다.

한편 성철은 해방 전부터 그 밑그림을 그려왔던 가야총림이 설립되었음에도 거기에 동참하지 않았다.

"내는 따로 나가 수행할 끼다."

총림이 설립되기 직전 성철이 자운에게 말했다.

"모범총림을 설립하자며 앞장섰던 성철 스님이 그런 말을 하다니 무슨 일이 있었군?"

자운이 묻자 성철은 며칠 전에 있었던 일을 말해 주었다.

"내가 얼마 전 효당 스님, 임환경 스님을 만났단 말이다. 그런데……."

성철은 당시 가야총림의 운영 책임자인 교단 대표 효당 최범술, 해인사 주지 임환경을 만나 담판을 벌였다. 성철이 '총림을 운영하려면 뚜렷한 운영 방안과 재원을 마련할 수 있는 대책이 있어야 하는데 교단의 복안이 뭔가'를 물었다. 그러나 해방 이후 계속되었던 극심한 사회적 혼란과 불경기 속에서 뚜렷한 대책이 있을 리 없었다. 결국 성철은 교단의 무책임과 무능함에 실망하고 가야총림에 동참하지 않기로 했다.

"아무리 살림살이가 어려워도 교단 차원에서 적극 지원해 주고 인재 양성과 청정한 수행가풍을 살리는 게 급선무 아닌가요? 수행에 전념할 스님들에게 매일 끼니 걱정이나 하게 해서야 어느 세월에 불교를 개혁하고 인재를 양성하겠습니까?"

하지만 그 자리에 함께 있었던 청담의 의견은 달랐다.

"성철 스님의 견해에도 일리는 있으나 너무 성급하구먼. 적어도 반년 정도는 지내보고 결정하는 게 좋지 않겠나?"

"스님이나 그리 하소. 난 갈랍니다."

"에구, 저 성질머리하고는……."

청담은 성철을 타박하면서도 자기 말대로 가야총림 해인사에 반년 정도 더 머물며 탁발과 후학 양성에 힘을 기울였다.

성철의 이야기를 듣고 난 자운도 의아했다.

"성철 스님이 가야총림에 동참하지 않으면 불교개혁은 어떻게 하나?"

자운이 심각하게 묻자 성철이 되물었다.

"와? 개혁을 가야총림에서만 하라는 법이 있나? 좀 험악한 산골로 들어가 고생스럽게 살더라도 부처님 법대로 한번 살아 보자. 그게 개혁 아니겠나?"

성철이 이렇게 말한 것은 나름대로 복안이 있었기 때문이다. 그는 전부터 문경 봉암사를 염두에 두고 있었다.

청담, 성철, 자운 등이 문경 대승사 쌍련선원에서 수행하기 전의 일이다. 해방을 전후한 시기의 그들이 새로운 총림 건립을 두고 고민하고 있을 때 서울에서 김법룡이라는 불심 깊은 신도가 대승사로 찾아왔다. 대승사 주지 김낙순과 친척이었던 김법룡은 가진 재산으로 대장경뿐만 아니라 희귀한 불서들을 수집해 왔는데 이미 서재가 꽉 찬 상태였다.

"내가 그 책들을 더 이상 보관할 수도 없고 하여 공부 열심히 하는 스님네들께 시주하고 싶은데 좋은 방법이 없겠소?"

김낙순 주지가 반색하며 답했다.

"왜 없겠습니까? 중앙총무원의 총무부장으로 있는 최범술 스님을 새 주인으로 삼아 기증합시다."

그러나 최범술은 그런 제안을 정중히 사양하면서 대신 이청담을 추천했다. 하지만 청담 또한 고개를 저으며 함께 쌍련선원에서 수행하던 성철을 소개했다. 대승사 김낙순 주지가 제 무릎을 탁 치며 대꾸했다.

"성철 스님이라면 동서고금의 책들을 많이 읽고 참선수행으로도 철저하니 그 불서의 주인으로 제격이겠습니다."

김낙순은 얼마 후 김법룡을 초청해 청담, 성철, 자운 등에게 인사시켰다.

"이 스님들은 장차 이 나라 불교를 일으켜 세울 분들입니다. 가지고 계신 불서들을 이 스님들께 보시하면 어떻겠습니까?"

김법룡은 그런 소개가 아니더라도 성철을 위시한 스님들을 보고는 단번에 신심이 일어났다. 그가 평소에 찾던 스님들이었다. 그렇게 정법에 의지해 철두철미하게 수행하는 스님들이라면 얼마든지 자신의 평생을 바친 책들을 보시해도 좋겠다는 믿음이 생겼다.

얼마 후 청담과 성철, 자운 등이 당시 대승사 스님들을 대표해 서울의 김법룡 거사 집을 방문했다. 방안을 가득 채운 불서들을 보고 난 스님들의 고민은 그 책들을 대체 어디에다 소장하는가였다. 한참 침묵하던 끝에 자운이 일행에게 제안했다.

"이런 책들이라면 성철 스님이 읽는 게 좋을 것이고 소장할 곳으로는 봉암사가 좋겠소. 훗날 그 도량을 총림으로 승격시킬 때도 큰 보탬이 될 테고……."

그건 바로 성철이 염두에 두었던 말이기도 했다. 당연히 함께 갔던 일행은 그게 좋겠다며 동의했다. 그리하여 깊은 산골에 있는 나머지 조선총독부마저 소홀하게 여겨왔던 문경 봉암사에 그 불서들을 모셔 놓기로 결정되었다. 책을 봉암사까지 운반해 소장하는 일은 종수宗壽가 맡아서 했다. 훗날인 1963년 3월, 자운에게 율맥을 전해 받은 종수는 당시 조계종 종정이던 효봉曉峰으로부터 조계종의 전계화상傳戒和尙을 위촉 받는 등 율사로서 존경 받았다.

해인사를 떠난 성철은 자신이 기증 받은 불서를 소장했던 봉암사에 총림을 설립하고 그야말로 부처님 법대로 수행을 잇고자 했다. 다른 스님들 또한 이론의 여지가 없었다. 그것이 지금까지 역사적인 의의를 가지고 있는 봉암사 결사의 시작이었다.

성철이 떠난 지 한 달 후, 해인사 판전에서 100일 문수기도를 회향한 자운도 수행처를 봉암사로 옮겼다. 이로써 성철과 자운을 비롯해 우봉愚鳳, 보문 등 네 스님이 봉암사에 모여들었다. 이때 우봉은 사중을 운영하는 책임을 맡았고 보문은 김법룡 거사에게 법보시를 받은 장경을 수호하게 되었다. 그리고 성철은 봉암사 결사의 전체 기획을, 자운은 계율 홍포에 관한 책임을 맡았다.

본래 청담도 동참하기로 한 것이나 해인총림의 입승 소임을 맡고 있었기에 당장 참여하지 못했다. 하지만 자신의 약속대로 해인사에서 반년 정도를 지낸 뒤 봉암사로 떠날 작정이었다. 해인사를 떠나기 하루 전날, 효봉을 찾아간 청담이 어렵게 입을 열었다.

"조실 스님, 소승 오늘로 입승이란 짐을 내려놓고자 합니다. 허락해 주십시오."

"무슨 일이 있으신가?"

"젊은 스님들이 문경 봉암사로 들어가 결사를 시작하겠다는 기별이 왔는데 소승도 동참할까 합니다."

"허허, 스님들의 뜻은 좋지만 훌륭한 인재들이 이렇게 모두 떠나가면 어떻게 해인총림을 꾸려가겠나?"

효봉이 작별을 아쉬워하자 청담이 고개를 숙였다.

"조실 스님을 끝까지 모시지 못해 송구합니다."

"명색이 입승인데 매일 탁발이나 하게 했으니 내가 외려 미안하네. 아무튼 훌륭한 스님들이 한 마음으로 불교를 일으켜 세운다 하니 장한 일일세."

청담은 그렇게 효봉의 격려를 받으며 해인사를 떠나 봉암사에 도착했다. 이미 봉암사 결사의 청사진을 짜고 있던 자운 등 네 비구는 관음보살을 친견한 듯 마음이 든든해졌다.

부처님
법대로
살자

879년(신라 헌강왕 5)에 창건된 봉암사는 구산선문九山禪門 중 희양산문曦陽山門의 중심 도량이었다. 고려 때만 해도 중창불사가 이어져 사세가 컸으나 조선시대엔 임진왜란으로 인해 대부분의 건물이 소실되었다. 그 뒤 여러 차례 중창 불사와 소실, 그리고 중창 불사가 반복되면서 오늘날까지 그 역사를 이어 오고 있다. 한때는 3천여 명의 대중이 머물며 수행하던 도량인지라 '동방의 출가승도는 절을 참배하고 도를 물을 때 반드시 봉암사를 찾았다.'는 기록이 남을 정도였다.

이처럼 봉암사는 쇠락과 번영을 반복하며 이 땅의 불교 역사에 획을 그어 왔으며 해방 후엔 성철, 자운 등의 봉암사 결사로 이름을 떨쳤다. 그리고 근래엔 조계종의 특별수도원으로 지정되었으며 동방제일의 수행도량으로 손꼽힌다.

우봉, 보문, 자운, 성철 등이 봉암사에 모인 데 이어 청담과 향곡, 월산, 종수, 도우, 보경, 법전, 성수, 혜암, 의현 등 20여 명이 봉암사에 모여들었다. 아울러 묘엄 등 서너 명의 비구니들도 동참함에 따라 봉암사 결사는 본격적으로 막을 열었다. 이때가 1947년 여름이었다.

이 해에 자운은 봉암사로 가기 전 둘째 상좌를 두었는데 그가 바로 현대 한국불교의 대표적인 학승으로 손꼽히게 될 지관智冠이었다. 1932년 경북 포항에서 태어난 지관은 어려서 병을 앓다가 육자대명왕진언인 '옴마니반메홈'을 간절히 외운 덕에 병을 치료했다고 한다. 그게 인연이 되어 열다섯 살 되던 1947년에 자운의 상좌로 출가했다.

지관이 출가 후 한창 사미승의 습의를 익혀 나갈 때였다. 하루는 자운이 말했다.

"너 어서 걸망을 메고 날 따라오너라."

어리둥절해진 지관이 물었다.

"네에? 어딜 가시는데요?"

"봉암사로 갈 거다."

며칠 전 지관은 한국을 대표하는 스님들이 봉암사에서 결사를 한다는 말을 들은 바 있었지만 당시만 해도 결사가 뭔지, 왜 하려는 것인지 쉽게 이해할 수가 없었다. 그런데 은사 스님이 봉암사로 가자고 하니 왠지 으쓱한 기분이 들었다. 출가하자마자, 사미의 신분으로 그런 자리에 동참하게 된 게 영광스러웠기 때문이다.

"스님들께서 봉암사에서 무슨 결사를 하신다던데 그게 뭔가요?"

자운을 따라 봉암사로 출발한 열여섯 살의 지관이 물었다.

"너도 알겠지만 재작년에 우리나라가 해방을 맞지 않았느냐? 그런데 일제의 통치를 받는 동안 불교도 왜색으로 물들어서 처를 거느리고 술과 고기를 거리낌 없이 먹어 대는 중들이 생겨났는데 그걸 바로잡기 위해 결사를 하게 된 것이다. 본래 우리와 같은 스님들은 독신으로 살며 육식을 금할 뿐 아니라 계율을 철저히 지키며 사는 게 수천 년 전부터 이어지던 불가의 전통이었다."

지관은 비로소 뜻있는 스님들이 봉암사에 모여 결사를 추진하려는 이유를 알게 되었다.

한편 봉암사 결사가 시작되기 직전의 일이다. 성철, 청담, 보문, 우봉, 자운 등이 모였다. 대중공사를 앞두고 성철이 자운에게 말했다.

"우리 불교를 개혁하려면 그 기초가 율律에 있는 기라."

"당연한 말이지."

"그런데 계율에 대한 기본 원칙이나 방향은 나도 좀 아는데 자세한 건 자운 스님만큼 밝게 아는 비구가 없어. 그러니까 스님은 계율의 전반적인 분야를 맡아서 이끌어 주시오."

"내가 큰 짐을 지게 되었군."

계율을 살리는 게 불교개혁의 기본이니 자운은 한국불교를 살린다는 역사적인 사명을 지게 된 것이었고 그것은 곧 심리적인 부담일 수도 있었다. 그러나 그동안 계율을 깊이 연구해 왔던 자운 자신도 그게 자신의 당연한 사명임을 자각했다. 그에겐 능히 그렇게 할 수 있다는 자신감도 있었다.

봉암사에 모여든 대중이 기본적으로 세운 원칙은 '부처님 법대로 살자'는 것이었다. 따라서 불교가 이 땅에 전래하는 과정에서 습합된 의식이나 제도 등을 과감히 없애는 것으로 결사가 시작되었다.

봉암사 결사에 동참한 스님들이 처음으로 한 일은 불교와 직접적인 연관이 없는 건축물이나 그림, 도구 등을 제거하는 일이었다. 이를테면 산신각이나 칠성각을 헐어버리는가 하면 칠성기도나 영가천도를 간략히 했다.

"우리는 부처님 법대로 살기로 했으니 도교식의 칠성단이나 토속 신앙의 하나인 산신각부터 없애는 기 옳지 않겠습니까? 법당 안에 걸린 칠성탱, 신장탱, 산신탱도 모두 거둬 싹싹 밀어내 버립시다. 법당엔 오직 부처님과 부처님 제자만 모시는 게 옳아요."

성철이 제안하자 동참한 스님들은 어리둥절한 표정을 지으면서도 그의 말대로 시행했다. 부처님 법대로 살자는 뜻에 동참한 것이니 그게 당연한 도리임을 알았기 때문이다.

성철은 기존 관례대로 49재를 지내러 오는 신도들도 설득했다.

"죄송한 말씀이지만 이곳 봉암사에선 경을 읽어주는 것 외에는 해줄 게 없습니다. 그게 부처님 법대로 살자는 우리의 취지이니

이해하십시오.”

당시의 신도들은 이런 말을 쉽사리 납득하지 못했다.

“별 이상한 말씀을 다 듣습니다. 그러면 여기 스님들은 칠성단
이고 산신각이고 모조리 없애고 재도 안 지내면서 뭘 먹고, 어떻
게 사십니까?”

“이 절 주변엔 맑은 냇물에다 산나물에 솔잎이 지천으로 있으
니 중들 먹고 사는 건 걱정이 없습니다.”

이처럼 과감하게 기존의 제도를 개혁해 가던 성철이 하루는 자
운에게 말했다.

“스님, 이제 가람이 어느 정도 정비가 됐으니 지금부터는 우리
승복을 뜯어고쳐야겠다.”

“승복이 뭐가 어때서?”

“지금 중들이 입고 있는 옷이 제각각이라는 걸 사숙도 많이 봤
잖아. 누군 비단으로 만든 가사 장삼을 걸치고 누군 유생들이 입
는 두루마기를 승복처럼 입기도 하는데 이기 뭐꼬?”

“하긴 제각각 입는 게 눈에 거슬리긴 하더군.”

“그러니까 한 가지로 통일해 입는 기 좋단 말이지. 내가 전에
송광사에서 지내며 보조국사 지눌 스님이 입었던 승복을 살펴보
니 참 보기 좋더군. 그러니까 이참에 스님도 송광사에 가서 그 옷
을 잘 살펴보고 그대로 만들어 각 사찰마다 보급하는 기 좋지 않
겠나?”

그동안 계율에 천착해왔던 자운으로선 당연히 해야 할 일이었다. 더구나 봉암사 결사를 시작할 때 그는 계율 홍포와 별도로 선방 수좌들의 옷을 바느질하는 '양공良工' 소임을 겸하고 있었다. 따라서 승복을 통일해 제작하고 보급하는 일에 적임자였다. 자운은 곧 행장을 꾸려 멀리 순천의 송광사로 향했다.

송광사 국사전에 도착한 그는 보조국사의 진영뿐만 아니라 그때까지 보존되었던 승복을 세밀히 살펴보고 기록으로 남겼다. 그후 봉암사로 돌아가 지눌의 복색과 똑같은 괴색 가사를 손수 만들었고 봉암사 결사에 참여한 대중들부터 승복을 공급해 복색을 통일했다. 안타깝게도 보조국사의 승복은 6·25전쟁 때 불에 타 없어졌으나 조계종단 소속 스님들이 지금까지 입고 있는 보조장삼普照長衫과 괴색壞色의 오조가사五條袈裟는 봉암사 결사 때부터 보급된 것이니 보조국사 시기의 가사와 장삼이 그대로 계승된 셈이다. 복색뿐만 아니라 발우공양, 금강경 및 반야심경 독경 등 여러 가지 불교 의식들이 이 결사에서 정비되거나 새로 제정되었으니 봉암사 결사가 현대 한국불교에 얼마나 많은 영향을 주었는지 짐작할 수 있다.

이때 율사 자운, 선사 성철 등은 18개 조항의 행동지침인 '공주규약共住規約'을 만들었다. 여기서 공주는 '함께 기거한다'란 의미이자 '부처님 가르침대로 산다'는 뜻을 내포하고 있다.

1. 엄중한 부처님의 계율과 숭고한 조사들의 가르침을 온 힘을 다해 수행하여 우리가 바라는 궁극의 목적을 빨리 이룰 수 있기를 바란다.

2. 어떠한 사상과 제도를 막론하고 부처님과 조사의 가르침 이외의 개인적인 의견을 배제한다.

3. 일상에 필요한 물품은 스스로 해결한다는 목표 아래 물 긷고 나무하고 밭일하고 탁발하는 등 어떠한 힘든 일도 마다하지 않는다.

4. 소작인의 세금과 신도의 보시에 의존하는 생활은 완전히 청산한다.

5. 신도가 불전佛前에 공양하는 일은 재를 지낼 때의 현물과 지성으로 드리는 예배에 그친다.

6. 용변을 볼 때와 잠잘 때를 제외하고는 늘 오조가사를 입는다.

7. 사찰을 벗어날 때는 삿갓을 쓰고 죽장을 짚으며 반드시 함께 다닌다.

8. 가사는 마麻나 면綿으로 한정하고 이것을 괴색으로 한다.

9. 발우는 와瓦발우 이외는 사용을 금한다.

10. 매일 한 번 능엄주를 독송한다.

11. 매일 두 시간 이상의 노동을 한다.

12. 초하루와 보름에 보살계를 외운다.

13. 공양은 정오가 넘으면 할 수 없으며 아침은 죽으로 한다.

14. 앉는 순서는 법랍에 따른다.

15. 방사 안에서는 반드시 벽을 보고 앉으며 서로 잡담은 절대 금한다.

16. 정해진 시각 이외에 누워 자는 일은 허용되지 않는다.

17. 그 밖의 규칙은 선원의 청규와 대소승의 계율 체제에 의거한다.

18. 이상과 같은 일의 실천궁행을 거부하는 사람은 함께 살 수 없다.

일제의 식민통치로 인해 수행가풍이 적잖게 흐트러진 당시 수행자들로선 지켜 나가기 까다로운 규약이었다. 제11대와 12대 종정을 지냈던 도림 법전道林法伝은 이 무렵 장성 백양사에서 하안거를 마치고 도반과 함께 해인사로 가려다 우연히 봉암사에 들렀다. 그런데 여느 절에서와는 달리 봉암사 대중들의 행주좌와行住坐臥에 기강이 서 있고 구도의 열정으로 가득 찬 것을 목격하고는 크게 감동했다. 법전이 함께 왔던 도반에게 말했다.

"난 이 절 스님들과 함께 지내고 싶소. 스님도 여기서 지내는 게 어쩌시오?"

도반이 고개를 저으며 대꾸했다.

"아이구! 저 공주규약을 읽어보니 여간 까다로운 게 아닙니다.

철저한 수행도 좋지만 저렇게 까다로우니 나 같은 근기로는 배겨낼 수가 없겠소. 본래 예정대로 해인사로 가겠소."

이런 일화처럼 웬만한 근기를 가진 수행자가 아니고는 봉암사 대중과 함께 어울릴 수 없을 만큼 까다로웠다. 그럼에도 이미 봉암사에 모인 대중들은 각자가 전국의 수행자들에게 모범을 보이겠다는 각오와 역사의 한 페이지를 열겠다는 자부심으로 공주규약을 철저히 지켜 나갔다.

이때 불자들 사이에선 불교를 개혁하는 것도 좋지만 너무 심했다는 반응과 부처님 법대로 살기 위해 당연히 할 일이라는 반응이 나왔다. 남들이 그러거나 말거나 성철은 자신의 소신대로 밀고 나갔다.

공주규약을 제정하기 전의 일이다. 성철이 계율을 지도하던 자운에게 물었다.

"자운 스님, 우리가 쓰는 목발우가 계율에 맞는가?"

자운은 순간 당황했다.

"그건 왜?"

성철이 답했다.

"내가 듣기로는 부처님께선 목발우를 쓰지 말라고 하셨다는데 그기 사실인가 말이다. 우리가 목발우를 쓰는 것도 일본불교의 영향을 받은 탓이 아닌가? 계율엔 어찌 돼 있노?"

자운은 비로소 발우에 대해 언급한 계율의 대목을 가만히 떠올려 보았다. 그리고 목발우를 쓰지 말라고 한 부처님 말씀이 사실이었다는 걸 기억해 냈다. 자운이 발우에 관한 대목을 설명하자 성철이 말했다.

"그러면 목발우를 모조리 모아 태워 없애고 질그릇 발우를 만들어 쓰는 기 좋지 않겠나?"

"그게 옳긴 하겠지만 당장 공양을 해야 하니 천천히 바꾸는 게 좋겠어."

"기왕 개혁을 하려면 하루라도 빨리 실행하는 게 좋지 꾸물거릴 필요가 있겠노?"

성철의 되물음에 자운은 가만히 고개를 끄덕이며 목발우를 쓰지 못하게 된 내력에 대해 떠올려 보았다. 부처님은 본래 금이나 은, 옥 등 귀한 재료로 만든 발우를 쓰지 못하게 했다. 사치스러운 데다 사람들의 탐심을 일으키기 때문이다. 대신 질그릇, 쇠, 돌 발우는 사용해도 무방하지만 그 중 질그릇이나 쇠발우는 그냥 쓰면 닦아내기에 불편하므로 불에 구워 쓰도록 했다. 이처럼 발우는 여러 가지 재료로 만들어졌는데 그 중 부처님 자신은 돌로 만든 발우를 썼다고 한다. 그러나 나무 발우는 별로 좋아하지 않았던 것 같다.

부처님 살아계실 때의 어느 날, 한 제자가 나무로 만든 발우를 부처님께 올렸다. 부처님이 물었다.

"이게 무슨 발우인가?"

"어떤 우바이(여자 신도)가 부처님께 공양 올리려고 가져온 것입니다."

"으음. 나무 재질이 단단하고 보기 좋게 만들어졌군."

"그러하옵니다."

제자가 대꾸하자 부처님은 의외로 고개를 가로저었다.

"하지만 난 이 발우를 받을 수 없으니 다시 돌려주게."

부처님 제자는 화들짝 놀라며 그 연유를 여쭸다.

"이 발우 때문에 그 우바이의 집안에 분란이 일어날 것이니 내가 어찌 이런 물건을 받겠나?"

제자는 여전히 부처님의 말씀을 이해할 수 없었다. 그런데 아니나 다를까? 며칠 후 그 우바이가 부처님 제자를 찾아와 하소연했다.

"존자님, 지난번 제가 부처님께 공양 올렸던 발우 기억하시죠?"

"그렇습니다만……."

"그 발우 때문에 제가 쫓겨나게 생겼으니 어쩌면 좋아요?"

부처님 제자가 그 사연을 들어 보니 참으로 딱하게 생겼다. 우바이는 자기 집 정원에서 키우던 나무가 단단하고 향기도 좋아 잘라서 부처님께 공양 올릴 발우로 만들었다 한다. 그런데 먼 지역으로 장사를 하러 갔다가 온 남편이 자신이 가장 아끼던 그 나무를 어쨌느냐고 추궁했다. 우바이가 사실대로 고하자 그 남편이 펄쩍 뛰었다.

"뭐야? 내가 가장 아끼던 나무를 멋대로 잘라 그릇을 만들어? 당장 그 나무를 살려 내지 못하면 내 집에서 쫓겨날 줄 알아."

이 말을 듣고 난 부처님 제자는 혀를 찼으나 뾰족한 수가 없었다. 그는 부인을 잘 달래어 돌려보낸 후 그 사실을 부처님께 고했다.

"참 곤란한 일이구나. 그 발우로 인해 우바이의 남편은 아끼던 나무를 잃었고 그 때문에 부부 사이에 불화가 일어났으며 자칫하면 가정의 평화마저 깨지게 생겼구나. 그러니 앞으론 나무로 만든 발우를 쓰지 말도록 해라."

이런 일화가 전해지기도 하지만 한편으로는 부처님 당시엔 나무 발우에 때가 많이 낀다는 이유로 사용하지 못하게 했다고 한다. 지금처럼 매끄럽게 깎고 다듬어 옻칠까지 할 수 있었다면 아마 상황이 달라졌을 것이다.

아무튼 불가에선 목발우를 사용하지 않는 게 계율 정신에 부합한다며 전통으로 지켜졌다. 그 뒤 일제 강점기 이후로는 일본 불교의 영향으로 목발우가 일반화되었다. 따라서 왜색불교를 없애고 수행풍토를 개혁하려고 봉암사 결사를 이끌었던 대중들은 공주규약에 '질그릇으로 만든 발우만 쓰라'는 내용을 삽입한 것이다.

자운은 이 규약을 몸소 실천하기 위해 질그릇을 만드는 가마 두 곳을 정해 와발우瓦鉢盂를 제작하고 전국 선원에 공급했다. 하지만 재료의 특성상 질그릇은 무겁고 잘 깨진다는 단점이 있어 질그릇으로 빚은 발우도 차츰 비구들의 외면을 받기 시작했다.

1960년대부터는 질그릇 대신 철발우가 유행했다. 철발우 또한 부처님이 허용한 발우 중 하나이며 튼튼하고 오래 쓸 수 있다. 다만 무겁고 손길이 많이 간다는 단점이 있었다. 일단 모양이 완성된 철발우 안팎으로 들기름을 바르고 광소를 입힌 후 다시 불에 굽는 등의 복잡한 과정이 필요했던 것이다. 이렇게 되자 철 발우 대신 시대에 맞춰 플라스틱 발우가 유행하다가 지금처럼 목발우의 시대가 다시 찾아왔다. 계율에 어긋나는 일이지만 어쩔 수 없는 일이었다.

그렇다면 부처님 계율은 철저히 지켜야 마땅하지만 일부 조항은 시대에 맞춰 바꾸는 일이 용납되어야 하지 않을까? 자운은 제자들의 이런 건의를 일절 허용하지 않았다.

"부처님이 정하신 계율은 그 자체로 부처님의 가르침과 철학을 담고 있는 것이므로 단 한 글자도 임의대로 고쳐서는 안 된다. 만약 본인이 지키지 못할 계율이라면 차라리 어길지언정 시대의 변화, 개개인의 편의를 위해 계율을 멋대로 고치는 건 불제자로서 용서 받지 못할 일이다. 만약 편의에 따라 고칠 경우 본인뿐만 아니라 후학들에게도 계율을 어기게 만드는 게 아닌가?"

이처럼 그의 계율에 대한 신념은 확고하고 철저했다.

한편 이 봉암사 결사로 인해 승속 간의 위계질서도 바뀌기 시작했다.

　조선시대만 해도 악명 높았던 숭유억불 정책으로 인해 승가는 신분제도상 팔천八賤 중에서도 가장 하층민 대우를 받았다. 이처럼 인간 취급조차 받지 못했던 승가가 겨우 위신을 찾은 것은 임진왜란 때 서산과 사명이 이끌었던 승병들이 국난을 극복하려고 혁혁한 공을 세운 덕분이었다. 그 뒤 갑오경장 이후 승려의 도성 출입이 허용되긴 했으나 사회 전반에 배어 있던 승가에 대한 하대의식은 여전했다. 지속적으로 계율을 연구했던 자운은 이 문제를 선후배 도반들에게 제기했으나 대부분 소극적인 반응이었다.

　하지만 봉암사 결사를 주도했던 성철은 승속의 위계를 단호하게 바꾸려는 의지가 있었다.

　"사부대중이라 함은 비구, 비구니, 우바새, 우바이를 가리키는 것이니 일반 신도들도 중요하지만 비구와 비구니가 없다면 어찌 불법이 전승될 수 있단 말이고? 우리 스님들은 위로는 깨달음을 구하고 아래로는 중생을 제도하는 스승들이니 마땅히 신도들로부터 존중 받는 게 옳다. 계율에 있는 대로 절에 찾아오는 신도들은 스님을 만났을 때 먼저 합장 반배하고 차담을 나눌 땐 먼저 삼배로서 예를 올리게 해야 한다."

　"그 말이 옳지만 그걸 널리 전파할 수 있는 어떤 계기가 있어야 하지 않겠나?"

　자운이 묻자 성철도 그 점은 미처 생각지 못한 표정이었다.

"그렇군. 이 절에 찾아오는 신도들에겐 얼마든지 알릴 수 있지만 우리 사회 전체에 널리 알리기엔 미흡하겠어."

이때 자운이 보살계 수계법회를 제안했다.

"내가 해인사로 출가한 지 얼마 안 되어 은사 스님의 명으로 범어사 보살계 법회에 동참한 적이 있었네. 우리도 전국적인 규모로 보살계 수계법회를 열면 어떻겠나?"

자운의 제안에 성철은 무릎을 쳤다.

"그게 좋겠네. 스님이 전계사를 맡아 수계법회를 해보소. 그 법회를 통해 우리 사부대중의 위계질서도 바로잡기로 합시다."

이렇게 되어 봉암사 결사가 시작된 지 1년여가 지난 1948년 8월에는 자운이 전계사로 추대되어 보살계 수계법회를 열었다. 7일 동안 전국적인 규모로 치러진 이 수계법회 때 성철이 신도들에게 선언했다.

"본래 출가자는 재가 불자들에게 부처님의 법을 전하는 스승의 역할을 해왔소. 그런데 조선 왕조 500년 동안 숭유억불 정책에 시달리다 보니 언젠가부터 출가자와 재가자의 위상이 바뀌어 지금은 스님이 재가자에게 먼저 절하는 시대가 되었소. 다시 말해 스승이 제자에게 절을 먼저 하게 되었으니 세상에 이런 해괴한 풍조가 어디에 있단 말이오? 여러분은 불제자로서 그동안의 잘못을 참회하고 계율을 지키려고 여기까지 찾아온 것이니 앞으로 절에 다니려면 스님들에게 먼저 삼배를 하고 그럴 마음이 없다면 지금 떠나시오."

성철의 벼락같은 꾸짖음에 신도들은 화들짝 놀랐다. 웬 스님이 저렇게 자신만만하단 말인가.

불교의 근본을 생각하면 성철의 말은 지극히 당연했으나 당시 불자들은 웬만한 스님들에겐 반말을 하는 게 일반적이었고 법명 대신 "어이!"라거나 "야!"라고 부르는 게 다반사였다. 따라서 봉암사에 보살계를 받으러 왔던 불자들이 놀라는 것도 무리는 아니었다.

그들은 곧 종전의 마음가짐을 고쳐 봉암사 스님들이 이끄는 대로 공손히 따랐다. 이때의 사건, 그러니까 스님들이 신도들에게 먼저 삼배를 받았던 일은 얼마 지나지 않아 전국의 사찰마다 전해져 큰 이야깃거리가 되었다. 그런데 신도들은 성철의 말을 당연하게 여겨 순순히 따랐지만 오히려 스님네들이 그런 변화를 두려워했다. 이를테면 새파랗게 젊은 스님이 노보살들에게 삼배를 받는 게 옳은 것인지 논란거리가 될 정도였다.

아무튼 1948년 8월에 열린 봉암사 보살계 법회에서는 성철의 벼락과 같은 법문에 이어 전계화상으로 추대된 자운도 신도들에게 힘든 임무를 주었다. 그들에게 의무적으로 1천 배를 하도록 했던 것이다.

"본래 불가에서는 수계법회를 할 때 1천 배 참회의 절을 올리는 전통이 있었습니다. 그것은 천백억화신인 천화불千化佛에게 참회를 한다는 상징적인 일이니 기꺼운 마음으로 1천 배를 올립시다."

"1천 배라니 너무 많습니다."

"어느 세월에 1천 배를 올립니까?"

신도들이 여기저기에서 불만을 터뜨렸다. 이에 자운이 따뜻한 미소를 지으며 답했다.

"천천히 절해도 2~3시간이면 충분합니다. 소승은 출가할 때 해 인사 판전에서 1만 배를 올렸습니다. 처음엔 힘도 들었지만 모두 마치고 나자 환희심이 일어나더군요. 그동안 여러 불자님들이 쌓 아둔 업장을 소멸시키겠다는 마음으로 한번 해보십시오."

자운의 제안 겸 격려가 있자 불자들은 죽비에 맞춰 절을 올리 기 시작했다. 그 무렵엔 좀체 유례를 찾아볼 수 없는 의식이었다. 처음엔 힘들어하다가도 끝내 1천 배를 올린 불자들이 참회의 눈 물, 환희의 눈물을 쏟아냈다. 개중에는 난생 처음 맞닥뜨린 일에 불만을 터뜨리는 불자도 있었다.

"아이구! 온몸이 후들거려 한 발자국도 움직일 수가 없어요."

"스님, 우리가 계를 받으러 왔지 1천 배를 하러 왔습니까?"

이렇게 7일 동안 치러진 보살계 수계법회로 인해 한국불교사 의 전통이었던 1천 배 참회의 절이 다시 살아났다. 그리고 이 일 은 전통이 되어 자운의 가풍이 전해지는 도량에서는 지금도 온전 히 이어지고 있다.

봉암사 결사는 부처님 법대로 살자는 기치를 내걸고 시작된 만

큰 신도들이 찾아와 보시를 하는 것보다는 스님들이 저잣거리로 나가 탁발하는 일이 일상화되었다. 그것은 부처님이 사시巳時가 되면 천여 명의 제자들과 함께 성 안으로 들어가 탁발하던 전통을 그대로 따르려는 이유였다.

자운의 탁발은 이때부터 본격적으로 시작되었다. 희한한 일은 자운이 탁발하는 시간이 절반밖에 안 되더라도 다른 스님들보다 몇 배나 많은 시주를 받는다는 점이었다. 어딜 잠깐만 들렀다 오더라도 자운의 걸망은 늘 차고 넘쳤다. 이를테면 이런 이야기를 예로 들 수 있다.

봉암사 결사 때, 수행 대중들은 두세 명이 짝을 지어 탁발을 해오는 게 지켜야 할 규칙의 하나였다. 법전이 봉암사에 살던 첫해 초겨울에 자운을 따라 탁발을 나갔다.

"법전 스님은 탁발을 해 봤는가?"

자운의 물음에 법전은 얼굴부터 붉혔다. 생전 그런 건 해본 일이 없었기 때문이다.

"아니, 오늘이 처음입니다. 그런데 다른 절에선 모두 돈 많은 신도들이 우마차에 쌀과 곡식을 싣고 와 보시하는데 여긴 탁발을 하는군요."

"그렇다네. 대중들 모두가 부처님 법대로 살자고 뜻을 모았으니 그대로 실천해야지. 부처님도 평생 저잣거리에서 걸식을 하며 사셨으니 그 전통을 따라야 옳지 않겠나?"

"하오나……."

법전은 무언가 항의를 하고 싶었으나 그 말이 입 밖으로 나오지 않았다.

"본래 비구란 말이 '걸식하는 자'라는 뜻이니 이처럼 걸식하는 일이야말로 가장 큰 수행일세."

"명심하겠습니다."

사실 당시의 봉암사 사정은 여느 사찰과 마찬가지로 썩 좋은 편은 아니었다. 그러나 농사를 지어 자급자족은 할 수 있었고 어느 정도의 시주도 받을 수 있었다. 그럼에도 처음부터 부처님 법대로 살기로 결의한 만큼 의무적으로 탁발을 하여 그것으로 수행을 삼자는 뜻이 더 컸던 것이다.

법전은 자운을 따라 봉암사 주변뿐만 아니라 멀리 괴산, 수안보 등 충청도까지 다녔다. 집집마다 다니며 염불을 하면 안주인이 바가지로 쌀을 떠다 걸망에 쏟아 주었다. 그러면 탁발승이 그 집의 부귀영화를 축원해 주고 떠나는 식으로 탁발이 이뤄지는 것이었다.

법전은 처음에 그 일이 여간 부끄럽지 않았다. 얼굴이 후끈거려 염불은커녕 고개도 들지 못할 정도였다. 더구나 점심때가 되어 밥을 얻어먹을 땐 쥐구멍에라도 숨고 싶은 마음뿐이었다. 그러나 자운을 따라 하루, 이틀 지나면서부터는 차츰 익숙해져서 그 일이 오래된 듯 동네마다 누비고 다니게 되었다.

"어떤가? 이젠 탁발이라는 걸 해볼 만하지?"

자운이 묻자 법전은 처음보다 훨씬 자신 있게 답할 수 있었다.

"네에, 스님."

"그럼 내일부터는 따로 떨어져 탁발을 해보세."

"하오나 그건……."

"왜 그럴 자신은 없는가?"

"아닙니다. 스님 말씀대로 하겠습니다."

이렇게 하여 두 사람은 아침에 따로 떨어져 탁발을 하고 저녁엔 약속 장소에서 만나 동네 사랑방에서 잠을 청하곤 했다. 자운은 한 나절에 걸망을 가득 채우는 데 비해 법전은 하루 종일 다녀도 걸망이 가벼웠다. 그건 경험이나 법랍의 차이 때문이 아니라 자운이 가진 보이지 않는 힘 때문이었다. 자운에겐 중생들의 마음을 움직이는 감화력이랄까, 아니면 기도의 힘이랄까 하는 게 있어서 훗날 그런 힘으로 한국불교를 살리는 데 큰 역할을 하게 된다.

하루 종일 이집 저집 다니며 동냥을 한 뒤 저녁에 만난 두 사람은 남의 집 담벼락에 나란히 기대 앉아 이를 털어내는 게 일과였다. 내의 속을 하얀 서캐까지 깔아놓으며 종횡무진하는 이를 털어내지 않으면 밤새 온몸이 가려워 잠을 잘 수 없기 때문이었다.

당시만 해도 탁발승이나 지나가던 나그네에 대한 사람들의 인심은 넉넉한 편이어서 사랑방에서 하룻밤을 지내는 것은 어려운 일이 아니었다. 문제는 시골 사람들이 저녁 식사를 마친 뒤 큰 집 사랑채에 모여 새끼를 꼬거나 짚신을 삼으며 밤늦도록 이야기꽃을 피우는데 그럴 때면 방안에 담배연기가 가득하다는 점이었다. 법전은 그 담배연기가 여간 고역이 아니었다. 그러나 자비의 화신인 자운 율사와 함께라면 그런 걱정은 잊어도 될 정도였다.

"스님은 고단할 테니 어서 누워서 자게."

자운은 자기 뒤의 빈자리에 잠자리를 마련해 주고 법전을 눕게 해준 뒤 자신은 동네 남정네들의 말을 일일이 받아주고는 했다. 꾸역꾸역 나오는 담배연기를 모두 마시면서도 한 번도 눈을 찌푸리는 법이 없었다. 법전이 기억하는 자운 화상은 그처럼 자비롭고 자상한 스승이었다.

때로는 겉으로 보기에도 찢어지게 가난한 사람의 집을 일부러 찾아가고는 했다. 처음 탁발을 시작한 법전이 조심스럽게 여쭀다.

"스님, 이 집은 너무나 가난해 동냥을 얻을 수도 없을 것 같습니다만⋯⋯."

"그래서 일부러 온 것이네."

자운의 답변에 법전은 고개를 갸우뚱하면서도 목탁을 쳤다. 그 목탁에 맞춰 두 사람의 염불이 시작되었다. 잠시 후 안주인이 나와 송구하다며 머리를 조아렸다.

"스님들, 죄송하구만요. 저흰 먹고 죽으려 해도 드릴 양식이 없으니 어쩝니까?"

자운이 답했다.

"동냥을 얻으러 온 게 아니라 이 걸망을 잠시 맡기려고 왔습니다. 한 나절만 부탁하겠습니다."

자운은 이렇게 곡식이 가득 찬 걸망을 그 집에 맡겨 두고는 그냥 훌쩍 떠나 버리는 일이 종종 있었다.

봉암사 결사와 전국적인 규모로 치러진 수계법회, 공주규약 등은 왜색으로 물들었던 한국불교를 쇄신하는 역사적인 수행운동이자 불교의 개혁으로 평가되고 있다. 그리고 이 운동을 이끌었

던 성철, 자운 등 청정 비구들의 위상 또한 봉암사 결사로 인해 크게 높아졌다.

하지만 봉암사 결사의 생명은 그것이 가지고 있는 역사적인 의의에 비해 그리 길지 못했다. 1950년 6·25전쟁 이전부터 활동하던 빨치산이 봉암사 일대에 출몰하면서부터였다. 빨치산들은 전쟁이 일어나기 훨씬 전부터 백두대간을 타고 다니며 남한 일대에 게릴라전을 펼쳤는데 봉암사 또한 그 길목에 위치하고 있어 그들의 약탈 대상이 되었다.

하루는 빨치산이 봉암사에 들이닥쳐 깎아서 말려놓았던 곶감을 모조리 빼앗아 갔다. 뿐만 아니라 원주院主를 맡았던 보경을 처형하기 위해 인민재판을 열겠노라 협박했다. 이때 가장 어른이었던 청담이 나서 빨치산을 설득한 덕분에 보경은 겨우 생명을 지켜냈다.

어느 날엔 빨치산이 남한의 군경 복장을 하고 나타나 참선하던 수행자들에게 "장차 좌익이 이길지 우익이 이길지 답하라."고 윽박지르는가 하면, 반대로 국군이나 남한 경찰이 빨치산 차림으로 스님들의 의중을 떠보는 일도 있었다.

이런 사건이 연이어 일어나자 봉암사 대중들은 더 이상 수행에만 매진할 수가 없었다. 제아무리 계율을 잘 지키는 게 마땅하고 용맹정진이 본분이라 해도 각자의 목숨이 경각에 놓인 상태로는 버텨 낼 재간이 없었던 것이다. 해서 각자 인연 있는 사찰로 흩어

지기로 했고 자연히 봉암사 결사도 와해될 수밖에 없었다. 이때
가 1950년 3월 무렵이었다.

수만 권의
율서 보급

봉암사 결사에 참여했던 스님들은 어느 곳에서든 결사 때의 공주규약 정신을 지켜 나갔으며 한국불교를 이끌어 나가는 중심이 되었다. 그리하여 봉암사 결사에 참여했던 스님들 중 '4종정, 7총무원장'이 배출되는 결과가 나왔다. 종정으로는 청담, 성철, 혜암, 법전이 추대되었으며 총무원장으로는 청담, 자운, 월산, 성수, 법전, 지관, 의현 등이 봉암사 결사에 동참했던 스님들이었다.

봉암사 결사가 해산된 후 성철은 묘관음사와 문수암을 거쳐 6·25전쟁 후에는 통영 안정사로 옮겨 빈터에 세 칸짜리 토굴을 짓고는 '천제굴闡提窟'이란 이름을 지었다. 그리고 이 토굴에서 봉암사 시절과 다름없이 수행에만 전념했다.

성철이 묘관음사에 잠시 머물 무렵, 자운 또한 그곳으로 찾아가 성철과 차담을 나눴다. 그 와중에도 두 스님의 화두는 계율에 관한 것이었다.

"자운 스님, 내는 언제나 한국불교를 살리는 길은 율밖에 없다고 본다."

"그야 지당한 말이지."

"그러니까 내 말은 자운 스님의 어깨에 한국불교의 명운이 걸렸단 뜻이다. 그런데 시국이 이리 수상하니 우짜노?"

"그래, 그래. 성철 스님이나 나나 할 일이 태산인데 험한 세상이다. 이럴수록 건강 잘 챙기고 더욱 수행에 매진해야지."

이 무렵 자운은 출가 이후 약 23년간 자신이 수행해 왔던 길을 되돌아보았다. 대체로 성철, 향곡 등과 더불어 참선수행을 했던 기간이 많았다. 그 자신 그동안 걸망을 26번이나 걸머지고 참선했다고 했으니 이는 그의 하안거와 동안거 기간이 적어도 13년이 넘는다는 걸 말하고 있다. 그는 참선뿐만 아니라 문수기도나 염불도 했으며 종무행정에도 관여한 바 있었다. 그 중 선방에서 안거에 들었던 기간이 가장 긴 편이었다.

깨달음을 얻은 뒤 스승 용성에게 오도송을 지어 바치고 제자로서 인가를 받기도 했다. 그러나 그는 언젠가부터 참선이 자신의 근기에 맞는 수행법은 아니라는 생각을 해왔다. 참선보다는 정토수행, 염불 등에 차츰 애착이 갔다. 성불에 이르는 길이 참선에만 있는 게 아님을 체득한 것이다. 물론 계정혜 삼학 중 가장 중요한 계율을 지키고 널리 전파하며, 법을 설하는 문제에 있어서는 확고한 입장을 가지고 있었다. 그러면서도 선정禪定 대신 주력呪力과 염불에 좀 더 치중하려는 게 그의 신념이 되었다.

손상좌 태원은 "자운 스님은 참선수행이 자신의 근기에 맞는 수행법이 아님을 알고 평생을 오후불식과 계율을 지키면서 항상 참회하고 또 부처님의 말씀을 예찬하면서 정토수행淨土修行을 하였다고 보아도 과언은 아닐 것이다."라고 말한 적이 있다.

자운은 평소에 '말법시대末法時代엔 자력보다 타력 수행이 깨달음에 이르는 지름길'임을 여러 번 강조했다.

"말법시대에는 자력으로 하는 참선보다 부처님의 본원력을 입을 수 있는 타력의 염불이 좋은 법이다."

한편 봉암사 결사가 와해되기 한 해 전이던 1949년 3월, 자운은 서울 대각사를 오가며 '천화율원千華律院 감로계단甘露戒壇'을 설립했다. 그리고 『범망경』 등 다섯 가지 계본戒本을 출판하기 위해 지형紙型을 만들기 시작했다. 책을 인쇄하기 직전의 준비 작업이었다. 그 후 1950년 3월, 봉암사 대중들이 뿔뿔이 흩어질 때는 그 또한 대각사에 정착해 본격적으로 출판 준비를 하게 되었다.

당시 자운이 설립한 천화율원은 광복 이후 처음으로 설립된 율원이란 점에서 역사적인 의의를 찾아볼 수 있다. 일반적으로 율원이란 공간은 율전을 연구하고 이를 바탕으로 강설하고 실천하는 도량을 일컫는다. 천화율원 이후 1977년 설립된 해인사 율원이 두 번째라 하니 천화율원의 상징성을 짐작하게 된다. 해인사 율원은 성철을 비롯한 여러 스님들의 후원을 받아 일타를 율주로 해서 해인총림 내에 공식적으로 설립한 최초의 율원이라는 데 그

의의가 깊다.

하지만 1949년 천화율원이 세워질 때만 해도 국내에는 율원을 제대로 갖췄다고 볼 수 있는 사찰은 한 손으로 꼽을 정도로 드물었다. 이를테면 금강계단이 설치되었던 통도사 역시 엄격한 의미에선 율원을 갖춘 사찰로 볼 수 없다는 것이 학계의 통설이다. 어쨌든 조선 중기 이후에도 율맥이 이어졌다는 통도사와 해인사, 백양사, 범어사 등에 형식적인 의미의 율원은 존재했다.

이처럼 한국불교에선 유독 계율에 대한 전통이 약한 데다 일제 강점기에는 한국불교적인 전통마저 왜색화되었다. 그런 문제의 심각성을 일찌감치 깨닫게 된 자운은 계율 홍포와 지계持戒 운동에 전념하기로 발원했고 그 터전으로 대각사에 천화율원을 세운 것이었다. 그 뒤 6·25전쟁으로 자운이 부산 감로사로 피난함에 따라 천화율원은 1951년에 양산 통도사로 근거지를 옮겼다.

본래 천화율원이라는 이름은 중국의 삼매적광三昧寂光 율사가 보화산寶華山 융창사隆昌寺에 세운 것이 처음이었으며, 자운은 이 율원을 모범으로 삼아 대각사에 이어 통도사에 본격적인 율원을 설립한 것이었다. 율원이란 이름에 걸맞게 출가수행자에게 율학을 강수하기 위해 세워졌으며 같은 해 부산 감로사에는 감로계단 보살계 산림이 개설되었다.

하지만 대각사 천화율원은 현대적인 의미의 율원이면서도 아직 본격적인 교육은 시작되지 않았다. 율원을 설립한 이후 계본을 인쇄, 보급하기 위해 그 지형을 완성시킬 즈음 6·25전쟁이 일어났기 때문이다.

자운은 대각사로 옮긴 뒤 그동안 여러 불자들에게 시주 받았던 보시금으로 율전을 출판하기 위한 작업을 진행해 왔다. 『범망경』, 『사미율의』, 『사미니율의』, 『비구계본』, 『비구니계본』을 조판하고 일일이 교정한 뒤 지형을 모두 완성해 놓은 상태였다. 이제 인쇄하여 제본만 하면 책이 출간될 수 있는 시점이 되었다. 그 책들을 전국의 각 사찰마다 법보시하여 계율을 널리 보급하는 게 그의 지극한 발원이었다.

6월 25일, 일요일 오전이었다. 그날따라 공기가 무겁게 가라앉은 듯하더니 시봉하던 사미가 방문을 두드렸다.

"저어, 스님……."

잠시 후 자운이 문을 열며 사미에게 용건을 물었다.

"무슨 일이냐?"

"방금 전 광화문 쪽을 다녀왔는데 난리가 났답니다."

"난리라니?"

"북녘의 김일성이가 탱크를 몰고 쳐들어온대요."

이때만 해도 자운은 사미가 무슨 소릴 하는지 종잡을 수가 없었다.

해방 직후 북위 38도선을 기준으로 남과 북이 분단되는가 싶더니 1948년 8월에는 대한민국 정부가 수립되고 이승만이 초대 대

통령에 취임했다. 그로부터 한 달도 지나지 않아 38선 이북에서
도 김일성이란 사람이 북한에 공산주의 정부를 세웠다는 이야기
도 들었다. 그 뒤에도 세상이 하루도 조용한 날 없이 뒤숭숭했으
나 그저 그런가보다 했다. 수행자로서 속세의 일을 미주알고주알
캐묻고 그걸 알아야 할 일은 없는 것이었다. 더구나 그땐 깊은 산
속 봉암사에서 수행하던 때라 바깥세상의 정세엔 더욱 어두웠다.
그러다 봉암사 주변에서 빨치산이 출몰하고 인명을 위협함에 따
라 결사를 회향하지 못한 채 뿔뿔이 흩어졌었다. 게다가 김일성
이 탱크를 앞세워 이남으로 쳐들어오리라고는 상상도 못했었다.

　자운은 혼자 혀를 차며 거리로 나갔다. 김일성이 어떤 자이며
무슨 이유로 전쟁을 일으킨 것인지 알지 못했으나 아마도 이념의
문제가 아닐까 싶었다. 공산주의나 자본주의 따위를 앞세워 남과
북이 티격태격하더니 기어코 전쟁이 일어난 것이었다. 기실 자운
자신뿐만 아니라 스님들이 결사를 이끌다가 봉암사를 떠난 것도
빨치산의 만행 탓이었다. 그러니 전쟁은 그때부터 예견된 것이나
다름없었다.

　간간이 보이는 사람들마다 어디론가 바삐 걷거나 뛰어가고 있
었다. 때마침 낯익은 신도가 대각사 쪽으로 달려오는 것을 본 자
운이 물었다. 자운이 책을 펴낼 인쇄소의 사장이었다.

　"박 사장 아니시오. 웬일로 이렇게……."

　"스님께 상의 드릴 일이 있어 달려오는 중입니다. 스님, 소식 못

들으셨습니까?"

"안 그래도 조금 전 시자에게 난리가 났다는 말을 듣고는 무슨 일인지 소상히 알고자 바깥으로 나온 것이오. 김일성이가 탱크를 몰고 쳐들어왔다던데 사실이오?"

"그렇습니다. 인민군이 파죽지세로 밀고 내려온다는 소문이 맞다면 수일 내에 서울도 인민군의 수중으로 들어갈 것입니다."

"나무아미타불!"

자운은 자신도 모르게 탄식이 나왔다.

"그래서 한시바삐 피난을 떠나셔야 한다는 말씀을 드리고자 달려왔습니다. 출판하시려던 책들의 지형도 안전한 곳으로 옮겨야 할 테고……."

그 말을 듣는 순간 자운은 부산 감로사를 떠올렸다. 그곳이라면 전쟁의 긴박함에서 벗어나 수행에만 전념할 수 있는 곳이었다. 문제는 부피와 무게가 만만치 않은 지형을 감로사까지 옮기는 것과 그 비용을 마련할 길이 마땅치 않다는 데 있었다. 출판 자금을 보시했던 단월檀越들도 피난을 준비하거나 이미 피난길에 나섰을 게 분명했기 때문이다.

한동안 골똘히 생각하던 자운이 입을 열었다.

"허허! 난감한 일이올시다. 내가 부산으로 내려갈 교통편을 알아볼 테니 하루만 말미를 주시오."

"그리하겠습니다만 한시가 급한 상황입니다. 저도 짐을 정리해 내일 아침에 피난을 떠날까 합니다. 하오니 오늘 밤늦게라도 결정하셔서 기별을 주십시오."

박 사장의 말에 자운은 힘없이 고개를 끄덕였다.

"그리 하지요. 아무튼 일부러 찾아와 긴한 소식을 전해주니 고맙소."

"아닙니다, 스님. 부처님 가피로 우리 국군이 잘 막아주길 바랄 뿐입니다."

"나무아미타불!"

이렇게 박 사장과 작별 후 대각사로 돌아간 자운은 다시금 지형을 옮길 방법을 고심했다. 눈이 오나 비가 오나 하루도 빠짐없이 가사장삼을 수하고 도서관으로 가 필사하던 시절의 일이 눈에 선했다. 그 원고들을 조판하기 위해 봉암사와 대각사를 오가며 여러 불자들에게 받은 시줏돈을 인쇄소에 지불하고 또 한 자, 한 자 교정을 보던 때의 일들도 떠올랐다. 이후 대각사로 거처를 옮긴 뒤로는 지형 작업을 마무리하고 보시금을 더 모아 책을 펴낼 준비를 거의 마친 상태였다. 그렇게 펴낸 책들을 전국 각 사찰에 법보시하려는 게 당시 자운의 계획이었다.

사시예불과 점심공양을 마치고 난 자운은 시내로 나갈 준비를 했다. 혹시 부산까지 갈 운송 수단이 있는지 수소문하기 위해서였다. 그가 가사를 수하고 10년 넘게 쓴 나머지 누더기처럼 변한 걸망을 멜 때였다. 박 사장이 사색이 되어 대각사로 달려왔다.

"스님, 이 일을 어쩝니까?"

자운은 멍하니 박 사장을 바라보았다.

"……?"

"인민군의 남침 소식을 들었는지 완장을 찬 놈들이 여기저기 몰려다니면서 인민재판이니 뭐니 하며 설치고 있습니다. 소문을 듣자 하니 저 같은 사업가나 자본가들을 찾아내 재판을 열고 공개처형을 한다니 가만히 있다간 죽게 생겼습니다."

"허어!"

자운은 그만 탄식이 터져 나왔다. 둔기로 뒤통수를 심하게 얻어맞은 것처럼 한동안 아무런 생각도 떠오르지 않았다. 김일성이 전쟁을 일으켜 남한을 공격해 온다는 것도 그렇지만 좌익과 우익이 날이면 날마다 이념 투쟁을 벌이는 걸 자운은 좀체 이해할 수가 없었다. 대체 일제의 탄압에서 벗어난 지 몇 해나 되었다고 이념에 휩쓸려 민족 전체가 갈라졌는지 출가자인 그로선 정말 모를 일이었다.

"그럼 어쩔 작정이오?"

"스님께 송구합니다만 일단 피난부터 떠나야겠습니다. 하오니 저희 인쇄소에 보관된 지형을 옮기시든가 아니면 잘 보관해두고 시절인연에 맡기는 수밖에 없겠습니다. 다행인지 모르겠습니다만……."

자운은 박 사장의 마음을 짐작할 수 있었다. 그때 박 사장이 덧붙여 말했다.

"그게 무슨 주의주장을 담은 책이 아니라 부처님 경전이고 또 순전히 한자로 되어 있으니 인민군도 함부로 훼손하진 못할 것입니다."

자운은 망연자실했으나 박 사장의 말에 다소 안심이 되었다.

"그렇다면 거사님의 말처럼 시절인연에 맡기는 수밖에 도리가 없겠습니다. 나무아미타불!"

"스님, 어찌 됐든 죄송합니다."

박 사장이 머리 숙여 절하자 이번엔 자운이 그를 위로해야 할 형편이었다.

"당치 않은 말씀이시오. 아무튼 지형은 인쇄소에 잘 보관해 주시오. 나 또한 일단 피난을 했다가 적당한 때에 그걸 찾아 책을 만들어볼 작정이오."

"감사합니다, 스님. 늘 평안하십시오."

박 사장이 작별인사를 올린 뒤 떠나자 자운도 피난 준비를 했다. 발우와 경전, 승복 한 벌에다 율장을 필사했던 공책 다섯 권을 더 넣은 것이 그의 피난 준비물의 전부였다.

자운은 이튿날 새벽 예불을 올린 뒤 서울역으로 걸어가 부산행 완행열차의 표를 어렵사리 구했다. 좌석은커녕 입추의 여지조차 없는 열차 속에서 그는 줄곧 염불을 외웠다.

"나무아미타불, 나무아미타불, 나무아미타불……."

부산 감로사까지 가까스로 피난한 자운은 전쟁터에서 수시로 전해지는 전황에 마음이 착잡했다. 부산으로 피난했던 모두의 마음도 마찬가지였다. 전쟁에 대비한 아무런 대책도 없었던 정부와 국군은 인민군에게 계속 밀려 어느 틈엔가 대구 이남으로 전선이 만들어졌고 나중엔 낙동강을 경계선으로 그 이남 지역만 전쟁에서 안전할 수 있었다. 그런 까닭에 수많은 주민들이 임시수도 부산으로 꾸역꾸역 모여들었다.

전쟁 중에 감로사를 수행의 터전으로 삼은 자운은 날마다 국태민안을 기원하는 기도와 함께 서울에 두고 온 율장의 지형에 마음이 쓰였다. 혹시 인민군이 불에 태워 버리진 않았을지, 여기저기로 흩어지지나 않았을지 날마다 노심초사하여 잠을 설치기 일쑤였다.

하루는 부산 대교동에 사는 전경준 거사가 조심스럽게 자운에게 여쭸다. 그는 날마다 감로사를 찾아 지극정성으로 기도하던 신도였는데 자운의 안색이 날이 갈수록 어두워지는 것을 느꼈다. 그런데 실제로 여러 신도들 사이에 자운 스님이 불면증에라도 걸린 듯 잠을 못 주무신다는 이야기가 돌자 도우려는 마음이 들었다.

"스님, 요즘 무슨 걱정이 있으십니까?"

자운이 되물었다.

"왜요? 내 얼굴에 그런 게 적혀 있습니까?"

"스님께서 매일 밤마다 잠을 못 주무신다기에 여쭙는 기라예."

이쯤 되자 자운은 사실을 털어놓을 수밖에 없었다. 전후 사정을 모두 듣고 난 전경준 거사가 제안했다.

"그러니까 서울의 인쇄소에 있는 율장 지형들이 안전하게 보관돼 있는지 확인하고 가능하다면 부산으로 옮겨 와 인쇄해 책으로 펴내려는 게 스님의 뜻이지요? 제가 그 일을 맡아보겠습니다."

"말씀은 고맙지만 그게 쉬운 일은 아닐 텐데……."

"어데요? 부처님 일을 하는데 무슨 난관이 있겠습니까? 그 인쇄소 주소나 적어 주이소. 제가 수일 내에 지형을 찾아서 내려오겠습니다."

전경준 거사는 이튿날, 어렵사리 서울로 올라가 자운이 적어 준 주소를 보고 인쇄소로 찾아갔다. 9·28수복 후의 일이었다. 천만다행히도 율장이 담긴 지형들은 잘 보관되어 있었다. 전경준은 함께 갔던 일행과 함께 지형들을 여러 상자에 옮겨 담아 한강을 건넜다. 당시엔 이미 한강 철교가 폭파되어 나룻배로만 겨우 강을 건널 수 있었다. 강의 남쪽에서 국군이 검문 중이었다.

"당신들 신분증 좀 봅시다."

전경준 일행이 머뭇거리지 않고 신분증을 내밀었으나 국군은 고개를 갸우뚱했다.

"주소지가 부산으로 돼 있는데 이 난리통에 무슨 일로 서울에 왔다 돌아가려는 것이오?"

전경준이 자세한 사정을 털어놓았지만 그의 변명은 통하지 않
았다.

"인민군 패잔병일지도 모르니 조사를 해봐야겠다."

일행을 검문했던 병사가 말하자 그 동료가 나섰다.

"귀찮게 조사는 무슨 조사? 그냥 저쪽으로 끌고 가 총살로 끝내
자구."

총살이란 말에 전경준은 어이가 없기도 했고 생사가 오락가락
하는 그 순간이 두렵기도 했다. 그래도 자운 스님에게 부처님 일

이니 아무런 두려움이 없다고 큰소리친 일을 상기하며 속으로 아미타불과 관세음보살을 외웠다. 그래서였을까? 그들이 국군 검문소로 끌려갔을 때 담당 장교가 불자였다. 장교는 전경준 일행의 사정을 듣고 나자 고개를 끄떡이며 부하들에게 지시했다.

"이 사람들은 아무런 혐의도 없으니 그냥 풀어 드려."

이런 천신만고 끝에 일행은 부산으로 내려가 자운에게 지형을 전할 수 있었다. 자운은 전경준 일행이 한강을 건널 때나 여러 곳에서 위기를 겪으면서 부산까지 도착한 이야기를 듣고는 자신도

모르게 안도의 한숨을 내쉬었다. 말로 형용할 수 없는 부처님의 가피를 실감하는 순간이었다.

"정말 고생 많았고 고맙습니다."

얼마 후 자운은 서울에서 만든 『범망경』 등 다섯 가지 계본의 지형을 부산에서 인쇄해 모두 25,000부를 전국 주요 사찰에 배포할 수 있었다. 오래 전부터 발원했던 계율 홍포가 그렇게 성취되면서 자운은 이론과 실천을 겸비한 율사로서 명성을 떨쳤고 전국 불자들의 귀감이 되었다.

그런데 이때 펴낸 계본들은 한문본이었다. 많은 수행자들이 읽고 그 내용을 깊이 이해하기엔 무리가 있는 책들이었다. 이에 따라 자운은 한문본을 우리말로 번역하는 작업을 시작해 1957년에는 번역된 계본을 3회에 걸쳐 48,000권을 펴내 보급했다. 그리고 1980년에는 한문본과 번역본을 합본해 책을 보급했으니 이렇게 법보시한 책이 무려 10만여 권을 훌쩍 넘게 되었다.

그 뒤 자운은 국립도서관을 오가며 필사했던 5부 율장 필사 원본을 모두 후학들에게 나눠 주었으며, 지금은 경국사, 묘엄박물관 등에 전시되어 있다.

이처럼 자운의 정성어린 율장 필사와 6·25전쟁, 단행본 출판을 통한 법보시 과정을 거치면서 한국불교에서도 비로소 율장의 중요성이 부각되었으며 지계持戒운동이 제자리를 찾게 되었다.

이밖에도 자운은 재가불자들이 수행의 지침서로 삼을 만한 『범망경梵網經』, 『무량수경無量壽經』, 『약사경藥師經』 등 수많은 경전들을 우리말로 옮겨 출간하고 이를 널리 법보시하였다.

팔만
대장경을
지켜라

전쟁이 한창이던 무렵 감로사에 주석하던 자운은 아미타불 종자진언種子眞言인 '옴 바즈라 다르마 흐릿'을 하루 30만 번이나 외웠다. 또한 오후 4시부터는 아귀들의 고통을 덜어 주는 헌식을 했고, 하루 한 끼니만 먹는 일중식日中食을 하면서도 삼천 배 정진을 하루도 거르지 않았다.

6·25 피난 시절의 감로사는 한마디로 부산 불교의 중심지 구실을 했다. 당시 부산에는 범어사, 선암사, 법화사 등이 있었지만 범어사와 선암사는 선방 수좌만 받았고 법화사는 도량이 좁아 피난했던 스님들을 많이 받을 처지가 아니었다.

하지만 감로사에는 당시 불교계를 이끌던 스님들이 많이 모여들었다. 청담, 성철, 향곡, 석암, 월하, 월산, 영암, 운허, 홍경, 구산 등이 오가며 한동안 머물다 떠나곤 했다. 그들은 전쟁의 참화를 겪으며 한마디씩 했다.

"일제로부터 해방된 지 몇 년이나 지났다고 이런 전쟁이 일어났는지 모르겠소."

"그러게 말이오. 우리 민족의 업장이 두텁나 보오."

"업장이 두터운 건 사실이오. 그러니 국민들의 업을 녹이려면 참회를 하도록 해야 합니다. 우리들부터 앞장섭시다."

이때 자운도 견해를 밝혔다.

"나는 중생 개개인의 고통을 초래하는 업력이 모여 공업共業으로 작용하고 급기야 피할 수 없는 국난과 개개인의 재난을 야기하는 것이라고 봅니다. 그러니 고통을 한탄하거나 국난에 대책 없이 굴복할 게 아니라 3천배 참회와 보살계 수계를 통해 업장을 녹이고 국난을 극복하는 게 좋겠습니다."

"동의합니다."

스님들은 이렇게 뜻을 모은 뒤 자운에게 참회기도와 보살계 수계를 이끌어 달라고 청했다. 그런 뜻이 모여 감로사에선 국난 극복을 위한 문수참회와 정토참회 법회가 열렸다. 그 후 관음기도 법회로 이어졌다가 한국 최초의 자비도량참법 법회가 시작되었다.

현재 감로사 주지인 혜총 스님은 이런 전통을 이어 받아 매년 음력 2월 10일부터 3천배 참회 법회를 봉행하고 있으며, 음력 10월에는 천화계단 보살계 수계산림 법회와 참회기도로 자운의 가르침을 받들고 있다. 이렇게 된 것은 자운이 주창한 바도 있는 데다 혜총 자신이 처음 출가할 때 3천배를 하고 스님이 되었으며, 3천 명에게 인연을 만들어 주어 그 기반으로 감로사 중창 불사를 하기 위해서였다.

6·25 피난 시절, 감로사에서는 사상 처음으로 초하루 법회를 열었는데 이때 일타와 지관이 첫 번째 법문을 했으며 피난 왔던 큰스님들을 모시고 차례대로 법문을 했다.

6·25 전쟁이 남긴 피해, 인민군들의 만행이 남긴 상처로 남한 일대는 피투성이가 되었다. 그 중에서도 합천 해인사는 유구한 역사와 팔만대장경이라는 세계적인 문화유산을 잃어버릴 뻔한 극심한 위기를 몇 차례 넘겨야만 했다. 장경각과 팔만대장경의 소실을 면한 것은 6·25 전쟁이 일어났음에도 해인사를 지키고 있던 방장 효봉의 역할도 컸으며, 자운과 김영환 공군 장군도 큰 공을 세웠다.

자운이 장경각을 지킨 이야기는 이렇다.

한때 조계종 총무원장을 역임한 바 있는 의현義玄은 열네 살 되던 1948년 출가해 봉암사에서 자운을 처음 뵙게 되었다. 의현은 자운뿐만 아니라 향곡, 성철, 청담 등 당대 한국불교를 일으켜 세우려던 스승들을 시봉하며 사미의 시기를 보냈다. 그러던 중 6·25전쟁을 앞두고 봉암사 일대에 빨치산이 출몰하며 약탈을 벌이자 봉암사 결사는 중단되었다. 의현이 6·25전쟁이 일어났다는 소식을 접한 것은 향곡을 따라 부산의 묘관음사, 고성 문수암 등으로 옮겨 수행하던 때였다.

이때 문수암에 있던 성철이 시봉하던 의현을 불러 말했다.

"의현아, 인민군이 쳐들어와서 지금 파죽지세로 남쪽으로 밀고 내려온다는 소식 들었지?"

"네에, 스님."

"그래서 내는 통영 안정사로 가려고 한다. 하지만 니는 날 따라오지 말고 해인사로 가라."

의현은 그 말씀이 의아하고 섭섭했다.

"스님, 전쟁이 한창 진행 중인데 왜 해인사로 가라고 하십니까? 제가 무슨 잘못이라도 저질렀습니까?"

"뭘 잘못해서 해인사로 가라는 게 아니다. 전쟁통이라 장경각과 팔만대장경을 지키는 일이 중요한데 네가 그런 국보를 지키는데 힘을 보태라는 뜻에서 가라고 하는 것이다."

의현은 팔만대장경을 수호하라는 명을 받고는 더 이상 반박할 여지가 없었다.

"그렇다면 스님 말씀을 따르겠습니다."

의현은 고성에서 해인사까지 터덜터덜 무거운 발걸음을 옮겼다. 가다가 날이 저물면 민가의 헛간에서 하룻밤을 지새우고 보리밥으로 끼니를 얻어먹으며 겨우 해인사에 도착했다. 당시 해인사에는 이미 인민군 사령부가 진을 치고 있었다. 그 와중에 방장 효봉은 거의 모든 대중을 피난시키고 자신은 몇몇 후학들과 더불어 끝까지 해인사를 지키겠다며 남아 있었다.

인민군은 미처 피난하지 못한 해인사 강원의 학인, 선방 수좌

등을 겁박해 해인사 신부락에서 군사훈련을 시킨 후 낙동강 전투에 투입하려고 했다. 효봉의 시봉을 들며 해인사를 지키던 원명, 보성 등도 억지로 징집되었다가 극적으로 탈출해 해인사로 다시 돌아왔다.

당시 낙동강은 국군의 최후 저지선이었고 그 전선이 무너질 경우 마지막으로 버티고 있던 부산까지 점령당해 남한 전역이 인민군 수중에 떨어질 판이었다. 그런 마당이니 해인사에 잔류했다가 인민군의 포로 신세가 된 학인들은 오도 가도 못한 채 언제 죽을지 모를 운명이었다.

그 와중에 맥아더가 지휘하는 연합군이 인천상륙작전에 성공하면서 전세는 역전되었고 해인사에 주둔했던 인민군도 총퇴각을 해야만 했다. 하지만 그들은 퇴각하기 전 해인사 장경각을 태우고 가야겠다며 으름장을 놓았다. 이때 효봉 방장이 호통을 쳐가며 인민군을 제지했다. 평양 출신이던 효봉은 당시 인민군들도 어쩌지 못할 예순세 살의 속랍과 선승의 위엄을 갖추고 있었다.

"이놈들, 이 장경각이 어떤 곳인 줄 알고 감히 불을 지르겠다는 게냐? 옛날 고려 때 우리 민족이 몽골의 침략을 받아 나라의 운명이 위태로울 때 부처님 말씀으로 국토를 지키겠다며 16년 동안 8만 장이 넘는 경판을 새겨 모신 곳이 장경각이다. 이 장경각은 우리 민족뿐만 아니라 전 세계인들이 간직할 문화유산이고 너희들이 떠받드는 김일성이라 해도 이를 훼손하는 자는 용서치 않을

것이다."

효봉의 호통에 짓눌린 인민군들은 결국 5인으로 구성된 인민군 인민위원회의 결의에 따라 장경각을 소각하는 문제를 결정하기로 했다. 효봉은 당시 억지춘향식으로 인민위원장을 떠맡았고 나머지 위원들은 해인사 주변 마을 대표들로 구성되어 있었다. 결국 인민위원회 투표 결과 3:2로 장경각 소각 문제는 부결되었다. 자의든 타의든 인민위원으로 선출되었으면 인민군의 뜻을 따라야 했겠지만 효봉의 설득에 감복해 두 사람이 장경각을 지키기로 결심한 덕택이었다. 결국 장경각은 전쟁의 참화에서 위기를 모면할 수 있었다.

그 뒤 인민군 본진이 퇴각한 뒤 해인사 일대에 국군이 주둔하면서 평화가 찾아오는 듯했다. 하지만 가야산, 덕유산, 지리산 일대에 은거한 빨치산이 밤마다 찾아와 식량 약탈과 횡포를 일삼아 해인사는 다시 위기에 빠졌다. 빨치산은 해인사 인근 마을과 해인사에서 농사를 지으려고 기르던 소를 마구 잡아가 도살했고 해인사 식량을 약탈해 연명했다. 이때 유엔군은 빨치산이 자주 출몰하던 해인사를 아예 불태워 없애려 했다. 그럴 경우 장경각 등 귀한 유적들이 소실될 게 분명했으나 그런 일엔 개의치 않는 듯했다.

이런 정보를 알게 된 해인사 스님들 중 원주 소임을 맡았던 법홍法弘이 좋은 아이디어를 냈다.

"지금 낮에는 유엔군이 해인사 상공을 정찰하면서 폭격하려 하고 밤에는 빨치산이 출몰해 약탈을 일삼으니 우리 해인사 대중들이 이중고, 삼중고에 직면했습니다. 그러니 해인사 대중들이 국군을 지지한다는 걸 보여주기 위해 대형 태극기를 장경각 지붕 위에 펼쳐놓는 게 좋겠습니다."

"그랬다가 인민군 잔당들에게 발각이라도 되면 어쩝니까?"

"유엔군이 해인사 상공을 정찰한다는 정보가 있으면 태극기를 올렸다가 빨치산에게 발각되기 전 재빨리 철거하면 됩니다."

대중들은 한결같이 그게 좋겠다고 뜻을 모았다. 그들은 곧 담요로 방문을 가려 불빛을 막고는 밀가루 포대를 엮어 대형 태극기를 제작했다.

그 후 법홍의 의견대로 장경각 지붕에 대형 태극기를 올려놓아 유엔군의 오판을 막았다. 이때 장경각 지붕으로 올라가 태극기를 올려놓거나 내리는 일은 당시 열여섯 살이던 의현이 맡아 했다. 그는 몸집이 크고 성숙한 편이었으나 의외로 날렵해 그 일을 자청했다. 의현은 새벽마다 장경각 지붕에 올라가 태극기를 덮고 기와로 눌러 날아가지 않게 했고 저녁엔 내리는 일을 수없이 반복했다. 자칫 빨치산에게 발각되면 총살을 당할 정도로 위급한 일이었다.

얼마 후 부산 감로사에 머물던 자운은 출가 본사인 해인사의 안위가 여간 궁금하지 않았다. 방장이던 효봉의 용기와 위엄으로 장경각이 소실되는 걸 막고 귀중한 문화유산을 지킬 수 있었지만 9·28 수복 후엔 제자들의 성화에 못 이겨 부산으로 피난을 떠난 뒤였다.

결국 자운은 스님들이 얼마 남지 않은 해인사로 찾아가기로 결심했다. 주변에서 만류했다. '국군이 잘 지키고 있을 텐데 굳이 가볼 필요가 있느냐. 빨치산이 자주 출현한다니 위험하다.' 등 의견이 분분했다.

"그래도 해인사는 내 개인으로는 출가 본사이고 한국불교 전체로는 귀중한 문화유산을 간직한 법보종찰인데 어찌 외면할 수 있겠나? 내가 며칠 다녀올 테니 행장을 준비해 주게."

자운이 해인사에 도착했을 때는 다른 지역에 이렇다 할 연고가 없는 일부 대처승과 의현 등이 절을 지키고 있을 뿐 적막강산이었다. 그러나 날이 저물면 어디선가 빨치산이 나타나 이곳저곳 들쑤시며 곡식을 뒤지고는 했다.

의현에게 그런 사정을 듣고 난 자운은 혀를 차는 수밖에 없었다. 상대가 빨치산이든 인민군이든 국군이든 먹을 게 없어 창고를 뒤지는 인간에 대한 연민 때문에 그런 도둑질은 눈감아줄 수 있었다. 하지만 남아 있던 식량이 동나자 빨치산들은 해인사 대중이 어렵게 지켜 냈던 장경각에 분풀이를 하려고 했다.

하루는 자운이 장경각을 돌아보기 위해 의현을 데리고 순찰을 돌 때였다. 모자를 깊이 눌러쓴 괴한 두 명이 석유통을 들고 장경

214

각 앞에 이르렀다.

"너희들 지금 무슨 짓을 하려는 게냐?"

자운은 본능적으로 그들이 장경각에 불을 지르려 한다는 걸 알아채고 한 걸음에 달려갔다. 그러나 괴한들은 달아날 생각은커녕 자운에게 덤벼들었다. 괴한은 자운의 오른쪽 팔목을 잡아 비틀었다.

"여기 중들이 하도 같잖게 굴어 이 건물을 태워 없애려고 한다."

자운이 괴한들의 손아귀에서 벗어나려고 애쓰면서 다시 소리쳤다.

"이놈들, 천근같은 업보를 지었으니 그 죄를 어찌 감당하려느냐?"

"우린 업보 같은 거 모른다. 목숨이 아깝거든 비켜라."

괴한들이 더욱 세게 팔목을 비트는 바람에 자운은 심한 통증을 느꼈다. 그럼에도 있는 힘껏 괴한들의 손아귀에서 벗어난 뒤 적들이 들고 있던 석유통을 빼앗아들었다.

"이런 망나니 같은 자들을 보게. 이 민족의 보물, 아니 세계의 보물이 무슨 잘못이 있다고 만행을 저지르는가? 부처님의 과보가 두렵지 않아?"

자운이 버럭 소리를 질렀다. 그의 평생에 그처럼 분노하기는 처음이었고 그만큼 그의 고함은 가야산을 쩌렁쩌렁 울렸다. 그때

괴한들도 겁이 났는지 주먹으로 자운의 가슴팍을 밀치고는 후다닥 달아나기 시작했다. 그 바람에 자운은 뒤로 나자빠졌으며 석유통도 함께 뒹굴어 콸콸콸 석유를 쏟아냈다. 장경각 출입문 주변이 석유 냄새로 홍건했다.

그때 자운을 수행하다 잠시 자리를 비웠던 의현이 뒤늦게 그 장면을 목격했다. 의현은 도망치는 빨치산들을 추격해 심한 몸싸움을 벌였다. 자운이 겨우 일어나 몸을 추슬렀을 땐 의현에게 얻어맞은 괴한들이 걸음아 날 살려라 달아나는 게 보였다.

"너희들 다시 여길 침범하면 호법신장께서 용서치 않을 것이다."

그렇게 하여 자운은 효봉 선사에 이어 장경각을 지켜낸 두 번째 스님이 되었다. 비록 괴한들과 몸싸움을 벌이다 상처를 입긴했지만 법보를 지킬 수 있었던 위대한 상처였다.

이렇게 해인사에 머무는 동안 팔만대장경을 지킨 자운은 다시 부산의 법화사로 옮겨 석암에게 율을 가르쳤는데, 이때 의현도 따라가 자운을 시봉하며 곁에서 모셨다.

이때부터의 인연으로 의현은 자운의 첫 번째 법상좌가 되었는데 그가 27세 되던 해, 부산 감로사에서였다. 법상좌는 스승의 가르침이나 법맥을 이어받은 제자를 가리키는데, 이런 인연을 가진 의현은 자운 스님의 생존 시는 물론 열반 후 지금까지도 해마다 기제사에 참여해 가르침을 되새기고 있다.

그 뒤에도 해인사 장경각과 팔만대장경은 몇 차례 더 전소될 위기를 맞았으나 무사히 넘길 수 있었다. 그 중 대표적인 것은 이듬해인 1951년 가을, 빨간 마후라 김영환 장군의 장경각 수호 작전이었다.

그 시기에도 해인사 주변으로 빨치산 잔당들이 출몰하자 유엔군 사령부는 당시 한국 공군 김영환 대령에게 해인사 폭격 명령을 내렸다. 김영환은 고민에 휩싸였다. 군인이 상부의 명을 어기는 것은 반역죄에 해당하는 일이었으나 그렇다고 팔만대장경이 소장되어 있는 해인사에 폭탄을 투하하는 것은 민족을 배반하는 일이었다. 그래서 그가 택한 방법은 해인사 건너편 쪽 가야산 산등성이를 조준해 폭탄을 투하하는 것이었다. 덕분에 해인사와 장경각은 다시금 6·25라는 참화를 극복하고 오늘날처럼 세계문화유산으로 등재되어 보존되고 있다.

자운은 이런 일을 겪은 뒤 1955년과 1960년, 두 차례나 해인사 주지로 임명되어 전임 주지 때부터 계류되었던 수많은 소송에서 이겨 자칫 빼앗길 뻔했던 해인사 재산을 모두 찾고 지금과 같은 모습으로 가꿔 나갔다. 6·25때 자운을 도와 장경각을 지켜 냈던 의현은 이와 관련해 "자운 큰스님은 해인사 창건주에 버금가는 중창조이자 조계종 창종에 필적할 만한 중흥조로 모실 분"이라며 칭송하고 있다.

의현은 1986년 8월, 제25대 총무원장에 당선되었다. 당시 팔공산 은해사의 주지로 있던 의현은 총무원장이 된 후 첫 일정으로 해인사로 찾아갔다. 지난날 스승으로 모시던 성철·자운 스님께 인사를 드리기 위해서였다. 그때 두 스승은 의현에게 세 가지를 당부했다. 의현의 총무원장 재임 중 불교방송국을 설립해 개국할 것, 일제의 잔재이며 불교의 자율과 교세의 신장을 저해하는 불교재산관리법을 폐지할 것, 4년제 정규 승가대학교를 만들 것 등이다.

의현은 이런 당부를 받들어 총무원장 재직 중 불교계를 발전시킬 그 대작불사를 원만히 회향했노라고 회고했다.

용악혜견의
후신

6·25전쟁은 승려로서 자운이 우연치 않게 해인사 장경각을 화마에서 구하고 또 부산에 머물며 계율을 널리 홍포하는 기간이었다. 하지만 그의 속가에서는 비극적인 일이 연이어 일어났다는 점에서 대다수 민가들의 수난과 다를 바 없었다.

일제 후기로 접어들면서부터 자운의 부모 입장에서는 자식 형제들이 각자 제 갈 길로 흩어지는 아픔의 시간이었다. 다행히 자운의 속가 맏형님은 한의사가 되어 한곳에 정착했지만 자운 자신은 출가를 했고 아우들은 일제 말기의 징용으로 탄광에 끌려가는 등 집안 전체에 큰 변화가 찾아왔다.

그 후 6·25전쟁 시기에는 자운의 속가 모친이 돌아가셨다. 그렇게 되자 자운의 부친 김자옥 공은 한의사인 큰아들 집으로 가 부양을 받았으나 그 큰아들마저 전쟁 와중에 총에 맞아 숨졌고, 꼭 1년이 지난 같은 날에는 김자옥 공도 세상을 하직하고 말았다. 그래서 자운과 속가의 형제들에겐 부친과 맏형의 제삿날이 같은 날이 되었다. 그러나 이런 비극이 출가자인 자운에게 알려진 것은 그로부터 몇 년이 훌쩍 지난 뒤였다.

그 후 1960년대 초반 무렵, 자운은 꼭 한 번 평창의 속가로 찾아가 형제들과 밤새도록 이야기를 나눴다. 당시 그 집은 일본에 징용 갔다 돌아온 막내 동생이 지키고 있었다. 형제들은 성장기 무렵의 추억을 나눴다. 그 중에서도 이미 출가해 율사로서 존경받고 있던 자운이 좌중을 이끌어 나갔다. 자운은 형제들에게 스스로 출가할 수밖에 없었던 인연에 대해 설명하고 율사답게 속가의 불자들이 지켜 나갈 몇 가지 계율에 대해 설법했다. 특히 술을 좋아했던 막내 동생에 대해 간곡한 당부를 잊지 않았다.

"웬만하면 술을 끊도록 해라. 정 그럴 수 없다면 취하지 않을 정도로만 마셔야 한다."

한편 이보다 앞선 1953년 5월 24일이었다. 6·25전쟁이 휴전을 앞둔 무렵이라 남녘에선 이미 오래 전부터 전후 복구에 여념이 없던 때였다. 인민군과 빨치산들이 지휘부로 쓰거나 여러 달 머물다 간 산사들도 다시 비구승들의 수행처로서 면모를 되찾고 있었다. 전쟁터로 몰렸던 군인들은 아군이나 적군을 가리지 않고 사찰에서 술을 마시고 가축을 잡아먹는 죄업을 저질렀다.

자운이 한때 머물렀던 통도사를 대표적인 예로 들 수 있다. 그의 상좌 지관이 논문집 『근대한국불교율풍진작과 자운대율사』에 발표한 기록에는 다음과 같은 내용이 있다.

양산 통도사가 1950년 6·25전쟁으로 말미암아 부상을 당한 국군상이병들의 정양소靜養所(31 육군정양소)로 사용됨에 따라 사중스님들은 모두 사하촌의 사가私家에서 숙식하고 사찰 법당은 보궁寶宮 금강계단金剛戒壇만 제외하고는 군인들의 수용소가 되었다. 각 법당은 모두 군인들이 차지하고 있으면서 마룻바닥은 장기판으로 각선刻線되었고, 이발한 머리카락과 소를 잡아 끓여 먹고 남은 뼈다귀는 마루 밑에 집어넣어 법당이 마치 쓰레기장과 다름이 없었다. 군인들이 1952년 3월 신축한 부산 요양소로 옮겨 간 후에도 법당에 쌓인 오물을 청소하는 사람은 아무도 없었다.

같은 해 5월에 율사(자운 스님)께서 통도사 상로전上爐殿을 맡아 7명의 율원생(감로계단)을 가르치면서 손수 법당에 쌓여 있는 머리카락과 소 뼈다귀 등 각종 쓰레기를 오랜 시간 동안 말끔히 청소하였을 뿐만 아니라 법당마다 조석예불까지 모셨다. 특히 부처님의 정골사리를 봉안한 적멸보궁에서 매일 사분 정근(1일 4회 기도)으로 평화적 남북통일과 국태민안, 지계정신 고취로 승풍을 진작하고, 사원은 속태俗態를 벗어나 청정도량이 되는 한국불교의 중흥을 기원하였다.

이처럼 통도사 도량 전체를 청정도량으로 되살린 자운은 1953년 5월 24일, 통도사 금강계단에서 평소 아끼던 제자들에게 비구

계를 중수重受했다. 이때 자운에게 계를 중수한 사람은 석암혜수
昔岩慧秀, 일우종수一愚宗壽, 동곡일타東谷日陀, 가산지관伽山智冠
등이었다. 이들은 비구로서 계율을 거듭 되새기며 새로운 마음으
로 지켜 나가겠다는 다짐을 했다.

　속랍은 자운과 같고 법랍 또한 거의 비슷한 석암혜수는 만공
滿空 선사 문하에서 참선을 수행한 당대의 선사이자 범어사 금강
계단의 전계대화상을 역임한 율사로서 존경 받았다. 그는 생전에
여러 곳에서『범망경』보살계를 설법했는데 나중에 그것을 정리
해『윤석암 율사 설법 범망경』을 펴냈다. 그 뒤 그의 열반 25주기
를 맞아서는 후학들이 이 책을 다시 정리해『석암 스님 범망경 강
설』로 다시 펴내게 되었다. 석암은 자운을 꼭 '선배'라 호칭했으
며 좋은 자리에 앉도록 배려했다. 언젠가는 부산 선암사에 자운
을 전계사로 초청하여 사미계를 설하는 법석을 마련한 적도 있
었다.

　17세에 파계사 벽담碧潭 선사의 제자로 출가한 일우종수는 금
강산 마하연, 덕숭산 정혜사 등 전국 유명 선원에서 참선수행을
했던 선사이자 지계 정신이 투철한 율사로서 명망이 높았다. 그
는 훗날인 1963년 3월에 자운으로부터 율맥을 전해 받았으며 당
시 종정이었던 효봉 선사로부터 조계종 전계화상을 위촉받았다.
그리고 통도사, 범어사, 쌍계사, 송광사 등에서 각종 수계산림授戒
山林을 이끌며 자운 율사의 가르침을 실천하고 뒷받침했다.

동곡일타는 1943년 4월에 자운을 계사로 사미계를 수지한 데이어 1949년에는 역시 자운을 계사로 비구계를 수지했다. 나아가 일우종수에 이어 자운 율사로부터 두 번째로 율맥을 잇게 된 율사로도 알려지고 있다. 1956년 태백산 도솔암에서 "몰록 하룻밤을 잊고 지냈으니 시간과 공간은 어디로 가버렸나. 문을 여니 꽃이 웃으며 다가오고 광명이 천지에 가득 넘치는구나."라는 게송을 남기기도 한 그 또한 수행이 청정하고 계율이 추상과 같은 당대의 선사이자 율사였다. 특히 그의 일가족 41명이 출가함으로써 석가모니 부처님 이래 가장 많은 가족들이 출가한 비구로 유명하다. 자운의 맏상좌인 보경운룡寶瓊雲龍 또한 일타의 속가 삼촌이라 하니 그 깊은 인연을 짐작할 수 있다.

가산지관은 보경에 이어 자운의 둘째 상좌로 출가했으며 율맥을 계승한 학승이었다. 지관은 열여섯 살 때인 1947년 해인사로 출가해 강원을 마친 뒤 동국대 대학원에서 철학박사 학위를 취득했다. 1970년까지 해인사 강원의 강주, 동국대 선학과 교수, 동국대 총장, 제32대 총무원장 등을 역임하며 한국불교학의 발전에 크게 이바지했으며 율사로서 스승의 뒤를 이었다.

이처럼 통도사에서 네 비구에게 비구계를 중수했던 시기에 한 사미가 자운에게 찾아왔다. 1951년 1월, 부산으로 피난했다가 이듬해인 1952년 부산 서면 부암동에 소재한 선암사로 출가한 인환印幻이었다. 1953년 소림선원에서 수행하려던 인환을 석암 율사가 불렀다.

"스님, 부르셨습니까?"

"오냐. 네가 이제 사미계를 받고 선원에서 참선정진에 매진해야 할 것이다. 그러기에 앞서 자운 율사를 찾아가 보살계를 받고 오너라."

인환이 분부대로 하겠노라 대답한 뒤 조심스레 여쭸다.

"그런데 스님, 참선수행을 하기 전 보살계를 받아야 할 이유라도 있는지요?"

"수행에 있어 계율이 그만큼 중요하기 때문이다. 네 신심을 높이기 위해 통도사 금강계단에서 보살계를 받고 오는 게 좋을 것이다."

이런 분부를 받은 인환은 바로 그날로 통도사로 찾아가 자운에게 인사를 올렸다. 당시 자운은 여러 제자들을 거느리고 영산전, 지장전, 산신각 등 여러 전각을 호지하고 있었다.

"그래. 석암 스님이 널 보내겠다는 기별을 하셨다. 석암 스님이 널 각별히 아끼고 있다니 나 또한 그런 뜻에서 까다롭게 계를 내릴 생각인데 괜찮겠느냐?"

자운의 물음에 인환은 별다른 토를 달지 않았다.

"각오를 하고 있습니다."

"그럼 오늘부터 금강계단인 대웅전에서 7일 동안 3만 배를 올리도록 하여라."

"3만 배를요?"

3만 배란 말에 인환의 입은 다물어지지가 않았다. 자운이 인자하게 웃으며 되물었다.

"왜 자신이 없느냐?"

이렇게 물은 것은 그 자신 처음 출가할 때 사흘 동안 1만 배를 올렸던 때의 기억이 떠올라서였다.

"아닙니다. 반드시 3만 배를 올리고 스님께 보살계를 받겠습니다."

인환은 그날부터 하루 4,400배의 기도 정진을 이어나갔다. 새벽 3시에 일어나 밤 9시 삼경종이 울릴 때까지 예불과 점심 공양을 제외한 모든 시간을 절하는 데 바쳤다. 그렇게 7일 동안 3만 배를 마치고 난 후 자운에게 보고했다.

"스님 분부대로 3만 배를 마쳤습니다."

그때 자운은 만면에 미소를 지으며 답했다.

"고생 많았구나. 이번 일은 네 일생 동안의 수행에 잊지 못할 자랑이 될 것이다. 내가 처음 출가할 때 해인사 판전에서 1만 배를 올린 적이 있는데 넌 3만 배를 올렸으니 그 공덕이 나보다 몇 배는 되리라. 내일 아침에 대웅전 금강계단에서 단독으로 보살계를 내릴 것이니 그리 알고 준비하여라."

이튿날 아침, 자운은 통도사 대웅전 금강계단에서 인환에게 여법한 절차대로 보살계를 내렸다. 자운은 법상에 올라 1시간 30분

동안 법을 설했는데 이때 인환은 무릎을 꿇고 앉아 스승의 법문을 가슴에 새겨 나갔다. 인환은 자운 율사에게 단독으로 받은 그 보살계가 평생 잊을 수 없는 광영으로 남게 되었다.

자운 율사는 보경寶瓊, 지관智冠, 현경玄鏡 등 아홉 명의 출중한 상좌들뿐만 아니라 법희法喜, 혜총慧聰, 세민世敏, 종성宗性, 태원太元 등 손상좌 외에 수백여 명에 이르는 수법受法제자, 전계傳戒제자, 참회제자, 법손상좌, 그리고 재가제자를 둔 선지식이었다. 이 많은 제자들은 모두 자운의 가르침에 깊은 감화를 받고 그가 남긴 사상과 가르침을 실천하며 널리 전하는 데 마음을 기울였으며 지금도 스승의 가르침을 지침으로 삼고 있다.

자운을 정성껏 시봉한 제자들도 많았는데 그 중 가장 오랫동안 시봉한 이는 현재 부산 감로사 주지이며 조계종 포교원장을 역임한 혜총이다. 그는 열한 살 무렵에 출가한 뒤로 자운의 임종 때까지 약 40년을 시봉했다.

경남 통영에서 태어난 이덕행(혜총)은 어려서부터 또래 아이들보다 키가 작고 골격이 약했다. 그러다 보니 걱정이 된 부모님이 이곳저곳 다니며 아이의 미래에 대해 물었다. 그럴 때 돌아오는 대답은 거의 비슷했다.

"이 아이는 단명할 상입니다. 그러나 절에 가서 살면 명이 다할 때까지 장수하겠으니 출가를 시키는 게 좋겠습니다."

결국 불심이 깊었던 덕행의 어머니는 아들을 앞세우고 양산 통도사로 찾아갔다.

"스님, 이 아이를 출가시키려고 합니다. 받아주시겠습니까?"

자운이 고개를 끄덕인 후 덕행에게 물었다.

"너 올해 몇 살이냐?"

덕행이 답했다.

"열한 살입니다."

"너 출가를 하려면 3천 배 참회기도부터 올려야 하는데 그렇게
하겠느냐?"

자운이 묻자 덕행은 눈을 동그랗게 뜨고는 물었다.

"스님, 저는 죄를 짓지도 않았는데 왜 3천 배 참회기도를 해요?"

"애야. 나는 열일곱 살 때 출가를 했는데 그땐 1만 배나 참회기
도를 올렸단다. 그에 비하면 3천 배쯤이야 할 만 하잖느냐? 네가
지금은 어려서 잘 모르겠지만 나이가 들면 알게 될 게야. 절은 많
이 할수록 큰 복을 짓는 것이며 지금 참회를 하면 두고두고 좋을
게야. 그런 법이 있단다."

덕행은 3천 배라는 큰 숙제를 받고도 출가에 마음을 두고 있었
다. 그래서 어머니와 작별한 뒤 9시간 동안 3천 배를 모두 마치고
그 이튿날 자운에게 사미계를 받았다. 덕행처럼 하룻밤 사이에
사미승이 되는 경우는 당시에도 흔치 않았다.

"넌 지혜롭고 총명하게 생겼으니 법명을 혜총이라고 할 것이
다. 이름 그대로 지혜와 총명함을 갖춘 중이 되도록 해라."

이렇게 법명을 받게 된 혜총이었으나 한동안은 그 이름을 싫어했다. 승복을 입고 학교를 다닐 때 급우들이 "회충, 회충!" 하고 놀려 댄 까닭이었다.

이 무렵, 통도사 보광전 별당에는 산중 원로이던 구하천보九河天輔(1872~1965) 노장이 주석하고 있었다. 여러 차례 통도사의 주지를 지냈던 구하는 '영축산 호랑이'란 별명이 붙을 정도로 수행이 깊은 고승이었다. 특히 일제 강점기에 조선불교를 중흥시키려 노력했으며 통도사의 사격寺格을 발전시키는 데 크게 이바지했다. 학교 설립을 통한 인재 양성과 독립자금을 모아 임시정부에 전달하는 일도 구하가 맡은 중요한 임무였다.

구하 노장은 자운이 통도사로 온 뒤 도량을 정비하고 계율을 진작시키는 등 수행자로서 본분을 다하는 일거일동을 유심히 살펴보았다. 그러던 어느 날 구하의 꿈에 용악혜견龍岳慧堅 선사가 나타났다.

용악은 1830년, 함산咸山(함흥)에서 태어나 어려서 석왕사로 출가했다. 골격이 준수하고 의기意氣가 높았던 그는 수행이 투철했고 계행도 철저했다. 더구나 나라와 민족을 사랑하는 마음이 깊었다. 그런 신심이다 보니 『금강경』을 10만 번이나 독송하는 경이로운 일을 이룰 수 있었다. 그가 『금강경』을 독송할 때면 영양羚羊이 다가와 꿇어앉아 경청하거나 학이 꽃을 물고 와서 공양하는 이적이 일어나고는 했다.

용악은 오랫동안 석왕사에서 경전을 연구하고 후배를 지도하다가 1897년, 부처님의 정골사리를 봉안하던 통도사로 내려와 기도했고 2년 뒤에는 법보종찰 해인사로 옮겨 법보전에서 기도를 시작했다. 이때 그는 팔만대장경판을 4질 인경印經하여 삼보사찰과 전국의 대찰에 나누어 봉안하려는 큰 원력이 있었다. 그 일을 위해선 당시로서도 큰돈이 필요했다. 그런데 기도를 시작한 지 꼭 70일째가 되던 날 복행신장腹行神將(마후라가)이 나타나 인경불사가 원만히 회향될 것이라고 알려 주었다. 이에 기도를 마친 그는 탁지부(재무부), 의정부, 경운궁慶雲宮, 경남관찰사 등 여러 기관에서 모두 31만 5천6백 냥을 시주 받아 팔만대장경 4질을 인경했다. 그래서 통도사, 해인사, 송광사 등 삼보사찰에 각 1질씩 봉안하는 등 공덕을 쌓았다.

그 뒤 79세 되던 해인 1908년 2월 15일 입적했는데 이 또한 그의 발원대로 이뤄진 일이었다. 왜냐하면 용악은 평소에 부처님처럼 79세 되던 해의 부처님 열반일인 2월 15일에 입적하길 원했기 때문이다.

"그동안 잘 지냈는가?"

스승 용악이 먼저 안부를 묻자 깜짝 놀란 구하가 인사를 여쭸다.

"아니, 용악 스님 아니십니까? 열반하신 지 제법 되신 줄 아는데 어인 일로 갑자기……."

"긴한 부탁이 있어서 왔다네."

"……?"

"자네도 알겠지만 나는 지난날 팔만대장경판을 인경해 여러 명찰에 보시한 적이 있었지. 조선조 오백년 동안 억불정책으로 쇠미해진 한국불교를 불법의 힘으로 되살리려는 뜻이었네. 그럼에도 내가 죽은 지 두 해만에 일제에 강제 병합되어 나라 전체가 신음하고 있으니 이를 안타깝게 여기고, 1600년의 한국불교 전통을 회복하려는 서원으로 이 세상에 다시 태어났다네. 지금 상로전에 있는 자운이 바로 나의 후신일세. 앞으로 잘 부탁하네."

"네에?"

구하는 다시금 소스라치게 놀라며 자신의 목소리에 놀라 잠에서 깨어났다.

'참말로 이상한 일도 다 있군.'

이렇게 생각한 그는 벽장에 넣어둔 자료를 찾아 용악혜견의 입적년월일과 자운의 생년월일을 맞추어보았다. 용악이 입적한 것은 1908년 2월 15일이며 자운은 1911년 3월 3일에 태어났다. 이를 유추해보면 용악의 입적 후 3년상이 끝나는 해의 3월 3일에 자운의 몸을 빌려 환생했다는 결론이 나오는 것이었다. 구하는 이 것으로 자운이 용악의 후신임을 확신하고는 자운의 처소로 갔다. 자운이 화들짝 놀라며 물었다.

"노스님, 갑자기 여긴 웬일이십니까?"

자운은 그렇지 않아도 시봉을 들던 혜총에게 전부터 타이른 말이 있었다. 틈나는 대로 구하 노장의 방으로 찾아가 다리를 주물러 드리라는 명이었다. 당시 자운에게 직접 『사미율의』와 『초발심자경문』을 배우던 혜총은 시키는 대로 그 분부를 따랐다. 그렇게 사중의 원로로서 받들어 모시던 구하가 갑자기 찾아왔으니 자운이 놀랄 만도 했다. 그때 구하는 더욱 기가 막힌 대답을 했다.

"스님께 삼배를 드리러 왔습니다. 어서 절을 받으십시오."

"네에? 노장님 그게 무슨 민망한 말씀이십니까?"

자운이 깜짝 놀랐지만 구하는 말릴 틈도 없이 삼배를 올리고
그 연유를 설명했다.

"자운 스님은 잘 모르시겠지만 간밤의 꿈에 자운 스님의 전생
이신 용악혜견 선사가 현몽하시어 자세한 내력을 말씀해주셨습
니다. 이제라도 모시게 되어 큰 광영입니다."

"제가 용악혜견 선사의 후생이란 말씀입니까?"

"그렇습니다. 이 노승의 꿈에 현몽하신 용악 스님이 분명히 그

렇게 말씀하셨고 두 분의 생몰 일시를 따져보니 틀림없는 사실입
니다."

이 이야기는 그 뒤 월하月下, 벽안碧眼, 홍법洪法, 청하淸霞, 일각
一覺 등 선지식들의 구전으로 인해 지금까지 유명한 일화로 남아
있다.

자운을 시봉하던 혜총도 당시의 일을 생생히 기억하고 있다.
나이 많은 구하 스님이 자운 스님을 지극히 떠받드는 모습을 의
아하게 여긴 혜총이 여쭸다.

"노스님, 연세가 많으신 노스님이 왜 젊은 스님에게 인사를 다
니십니까?"

구하가 손자를 타이르듯 혜총에게 답했다.

"혜총아, 사람은 죽으면 윤회라는 게 있어서 또 태어나는 것이
다. 몸은 죽어도 마음은 다시 태어난단 말이다. 그런데 지난날 내
법사 스님이 꿈에 나타나 말씀하시길, 언제 어떠어떠한 스님이
통도사로 오면 내 후신인 줄을 알고 잘 대해 주라고 하였어. 그 후
신인 스님이 바로 자운 스님이야. 그래서 내가 자운 스님을 스승
으로 받드는 것이다."

이런 사연이 있어 당시의 구하 노장은 통도사를 운영하는 일을
자운에게 통째로 위임했다. 그 후 자운이 1955년 9월, 해인사 정
화 후 초대 주지로 부임했다가 1957년 9월에 사임할 무렵이었다.
구하 노장이 그 소식을 듣고는 월하, 벽안 등을 불러 명했다.

"소식을 듣자니 해인사 자운 스님이 머잖아 주지 소임을 마친다고 하네. 그리 되면 자운 스님을 바로 통도사로 모셔오도록 하게. 자운 스님이 비록 해인사로 출가를 하셨으나 통도사로 모셔와 발전의 기틀을 다질 때가 되었어."

월하와 벽안은 두말없이 구하 노장의 뜻을 따랐다. 그 결과 자운은 해인사 주지를 마친 직후인 1957년 9월 초순, 곧바로 통도사 주지로 부임했는데 이때에도 운허, 영암, 지관, 홍법, 인환 등 여러 스님들이 통도사로 따라가 자운의 주지 소임을 보좌했다.

이렇게 된 것은 자운을 용악혜견의 후신으로 알고 지극히 신뢰하고 존경했던 구하 노장과의 인연 때문이었다.

불교정화
운동의
중심에 서서

자운은 1957년 10월, 재단법인 해인학원 이사장으로 선출된데 이어 이듬해인 1958년 10월에는 대한불교조계종 감찰원장으로 취임하는 등 여러 공직을 겸임했다. 종단의 여러 요직이 그에게 돌아왔던 것은 그만큼 그가 가진 원력願力과 덕화德化가 크다는 것을 의미한다. 결코 아상我相을 내세운 적이 없지만 이미 그는 한국불교계에 우뚝 선 느티나무와 같은 존재가 되었다. 누구든 그의 그늘 밑으로 들어서면 뜨거운 햇살이나 폭풍우를 피할 수 있었다. 종단에서 차지하는 자운의 비중은 그처럼 커졌다.

한편 자운을 40여 년간 시봉했던 혜총은 처음 사미계를 자운에게 받고는 부산 감로사의 주지로 있던 보경을 은사로 모시게 되었다. 자운의 맏상좌인 보경은 효상좌로도 유명하다. 스승 자운과 속랍으로는 네 살밖에 차이가 나지 않았으나 예의범절이 깍듯했다. 스승이 어디 바깥출입을 마치고 감로사로 돌아오면 가사와 장삼을 갖추어 입고는 "잘 다녀오셨습니까?" 하고 깍듯이 큰절로 인사를 올리고는 했다.

혜총은 그런 보경을 은사로 삼았으나 비구로서의 대부분의 시간은 사조師祖이신 자운 율사를 시봉하며 보냈다. 그러면서도 가끔 은사인 보경에게 따끔한 가르침을 받고는 했다. 세속으로 비유해 할아버지인 자운은 자비롭게, 아버지인 보경은 엄하게 그를 지도했던 것이다.

혜총이 해인사 강원을 다니던 1959년의 일이었다. 오랜만에 부산 감로사를 찾아간 그는 은사 스님에게 문안인사를 드린 뒤 시내구경을 나가게 되었다. 그때 보경이 당부했다.

"중이 밤늦게 돌아다녀선 안 된다. 때맞춰 돌아오너라."

"그리하겠습니다, 스님."

어느새 청년이 된 혜총이 큰절을 올리고 시내로 나갔다. 여러 곳을 구경하고 나중엔 극장에서 영화까지 보느라 그만 밤이 늦어서야 감로사로 돌아갔다.

"스님, 저 왔습니다. 문 좀 열어 주십시오."

혜총이 밖에서 외쳤으나 보경은 들은 체도 하지 않았다. 결국 혜총은 감로사 문 앞에서 떨면서 하룻밤을 지새워야 했다. 이튿날 새벽이 밝았다. 보경은 그제야 문을 열어 주며 한마디 일렀다.

"너, 이 소식을 알겠느냐?"

"……."

혜총이 아무런 답을 못하자 보경은 덧붙여 말했다.

"이게 모두 인과응보이다. 수행자들은 이 인과응보의 법칙을 철저히 가슴에 새겨야 한다. 지금의 모습을 보면 전생을 알 수 있고 지금 어떻게 살고 있느냐를 보면 내생의 모습을 알 수 있는 것이다. 그러니 부지런히 수행하고 정진해야 한다. 늘 지금 이 순간에 충실하고 게으름 피우지 말고, 열심히 정진하고 또 정진하여라."

혜총의 눈엔 그만 눈물이 그렁그렁 맺혔다.

"명심하겠습니다, 스님."

"이제 그만 들어오너라."

보경은 평소에도 당나라 때의 선승 백장회해百丈懷海의 가르침인 '하루 일하지 않으면 하루 먹지 않는다(一日不作 一日不食)'는 가르침을 철저히 실천해 왔다. 그래서 예불이나 공양 때가 아니면 감로사 도량 안팎을 가꾸는 울력으로 일과를 보낼 정도였다.

한편 보경은 스승의 도반인 향곡香谷 선사와 얽힌 일화로도 유명하다. 향곡은 1912년 경북 영일군에서 태어나 1927년 천성산 내원사로 출가했다. 속랍이 자운, 성철과 비슷하다보니 세 사람은 절친 도반으로 생애의 대부분을 보냈다. 특히 성철과 향곡 사이의 젊은 시절 일화들은 배꼽을 쥐게 한다. 20대 후반에 만난 성철과 향곡이 어느 날 포행을 나갔다. 마침 초가을이라 잣나무에 잣이 주렁주렁 매달린 것을 보고 성철이 물었다.

"향곡 스님, 저 잣을 따 올 수 있나?"

향곡이 답했다.

"그까짓 걸 못 따나? 여기 기다려봐라. 내가 후딱 따 올게."

향곡이 말을 마치자마자 잣나무에 올라가려고 하자 성철이 소리쳤다.

"그렇게 올라가다 옷에 송진이 묻으면 우짤라카노. 옷을 벗고 올라가야지."

"그래, 맞다."

향곡이 답하고는 입고 있던 옷을 훌러덩 벗고 잣나무로 올라갔다. 깊은 산골짜기라 누가 볼 사람도 없었다. 그때 장난기가 발동한 성철이 소리쳤다.

"아이구, 우짜노! 저기 동네 아가씨들 서넛이 올라오네. 니 빨리 내려와라."

성철이 이렇게 소리치고는 먼저 도망을 치자 향곡은 어쩔 줄 모르며 나무에서 내려왔다. 동네 아가씨들은 그림자도 보이지 않았다. 그제야 성철의 장난에 속았다는 걸 알아챈 향곡은 껄껄 웃고 말았다.

이렇게 친한 사이라 봉암사 결사를 주도한 성철이 향곡을 부른 건 당연한 일이었다. 성철은 봉암사 결사를 시작하면서 향곡에게 편지를 보냈다.

"……그러니까 당장 공부하러 온나. 안 오면 니 사는 토굴에 불을 질러 버릴 거다."

이 편지를 받고 난 향곡은 당장 걸망을 메고 봉암사로 달려갔다. 이처럼 성철과 향곡은 절친한 사이인 데다 자운까지 합세하면 당시의 불교계를 이끌어갈 삼총사가 되는 셈이었다.

향곡은 정해년丁亥年이던 1947년 봉암사에서 정진하다가 크게 깨닫고는 오도송을 읊었다. 그로 하여금 용맹정진에 들게 하고 깨달음을 얻게 불을 지른 사람은 바로 성철이었다. 그런 향곡이 1956년 어느 날, 보경이 주지로 있던 부산 감로사를 방문했다.

마침 감로사에 머물고 있던 자운이 크게 반가워하며 향곡을 맞았다. 점심 공양 시간이 지난 때라 마땅히 대접할 게 없었다.

"향곡 스님, 점심 안 먹었지?"

자운이 묻자 향곡은 아직 공양 전이라고 솔직히 답했다. 이에 자운이 급히 보경을 찾아 당부했다.

"여보게. 향곡 선사가 아직 공양을 못하셨다 하니 한 상 잘 차려드리게."

효상좌인 보경이 답했다.

"여부가 있겠습니까? 소승이 직접 차려 올리겠습니다. 향곡 스님, 조금만 기다리십시오."

곧 후원으로 간 보경은 보리밥 한 그릇에 간장 한 종지, 냉수 한 그릇뿐인 공양상을 차려와 바닥에 내려놓았다. 그리고 향곡에게 물었다.

"스님, 이 소식을 아시겠습니까?"

향곡은 대답 대신 잔잔히 웃고 난 뒤 보리밥과 간장 종지와 냉

수 그릇을 깨끗이 비웠다. 그리고 그제야 답했다.

"허허허! 아주 잘 먹었노라."

자운은 보경이 보리밥에 간장 한 종지를 내온 뒤 향곡이 아무렇지도 않게 밥공기를 비우고 냉수를 마시는 걸 보고서야 비로소 제자의 경지가 높은 곳에 이르렀음을 알았다. 향곡이 잘 먹었다고 응수하자 곁에 있던 자운도 만면에 웃음을 지었다.

이 무렵, 불교계에서는 이른바 불교정화운동으로 격렬한 진통이 이어졌다. 불교정화운동은 1954년 5월부터 1962년 4월까지 만 8년 동안 진행된 역사적인 운동으로 한국불교의 전통을 되찾고 부처님의 근본 가르침으로 돌아가자는 취지에서 시작되었다. 처음엔 해방 이후 청정비구승들을 중심으로 전개되었으며 1954년 대통령 이승만의 이른바 '정화유시'로부터 촉발되어 본격화되었다.

이 정화유시라는 것은 기존의 전통 사찰에서 대처승을 몰아내고 조선불교의 전통을 살려 내라는 게 기본 취지였다. 그러나 당시 청정비구승보다 세력이 훨씬 큰 대처승이 실질적으로 전국의 거의 모든 사찰을 장악하고 있어 오랜 시간이 걸렸고 마찰이 따를 수밖에 없었다.

존경받던 율사로 첫손에 꼽히던 자운이 정화운동의 선두에 서서 대중들을 이끈 것은 당연한 일이었다. 당시 청정비구들의 정화운동은 급진파와 온건파의 두 부류로 구분되었다. 대표적인 온건파는 해인사 방장으로 추대되었던 효봉曉峰 선사였다. 효봉은 수적으로 약 20배가 넘는 대처승을 무턱대고 몰아낼 경우 무력에 의존할 수밖에 없고, 그럴 경우 정화의 대의명분마저 사라진다고 보아 시간을 두고 정화를 이뤄 나가자는 의지를 밝혔다. 자운 또한 온건파 중 한 사람이었다.

자운의 정화에 대한 원칙은 절을 빼앗는 위주가 아니었다. 그는 누구보다 대처승들의 허물을 잘 알고 있었지만 대처승이 당시 대부분의 사찰을 장악하고 있던 현실을 외면할 수가 없었다. 그렇기에 대처승을 무조건 몰아내기보다는 그들이 비구승을 외호하는 입장에서 수행하는 게 바람직하다는 입장을 취했다. 이럴 경우 대처승이 지켜야 할 계율을 조정할 필요도 있었다.

자운은 정화운동에는 온건한 입장이었으나 젊은 비구들의 파계 행위에는 추상같았다. 정화운동 초기의 일이다. 선학원에 머물던 젊은 비구들이 가두시위를 벌이고 돌아와 선학원 뒤뜰에 묻어둔 술 단지에서 술을 퍼마시곤 했다. 그러던 중 하루는 자운에게 들키고 말았다. 자운은 망치로 그 술독을 사정없이 깨뜨려 없애며 후학들을 꾸짖었다.

"자네들 가두시위 하느라 힘든 줄은 알지만 소위 비구란 자들이 이렇게 계율을 어기면 정화운동이 무슨 소용이 있겠나?"

이때 술을 마시던 젊은 비구들은 물론 그것을 묵인했던 노승들마저 아무런 대꾸를 하지 못했다.

이런 엄격함으로 인해 정화의 대상이었던 대처승들조차 자운을 깊이 존중했으며 부처님처럼 섬겼다. 그 결과 대처승들은 해인사, 표충사 등을 아무 조건 없이 비구승들에게 넘겨주었다. 한편 자운의 배려로 청담은 서울 도선사에 주석할 수 있었다. 북한산 진관사를 비구니 인홍仁弘의 맏상좌인 진관眞觀이 운영하게 된 것도 이 시기의 일이다.

자운은 정화운동이 시작된 지 1년 남짓 지났을 때 무거운 책임을 져야 했다. 법보종찰 해인사의 주지를 맡으라는 압력이었다. 본래 성철이 주지로 임명되었으나 극구 사양하는 바람에 자운이 대신 떠맡게 된 것이었다. 그 정도의 직책이라면 탐을 낼 만도 한데 성철, 자운 등은 그런 지위를 탐내지 않았다.

성철이 해인사 주지를 사양하자 불교개혁을 주도하던 청담이 그 소임을 맡고자 했다. 청담이 당시 종단의 원로였던 효봉曉峰에게 여쭸다. 효봉은 6·25 이전 모범총림이던 해인총림의 초대 방장으로 추대된 바 있었으며 정화 당시엔 다시 최고 지도자로서 추대되어 선학원에 주석하고 있었다.

"큰스님, 소승이 해인사로 내려갈까 합니다만 어떠신지요?"

효봉이 답했다.

"자넨 총무원장을 맡고 해인사는 자운 스님에게 맡기는 게 좋겠어. 자운 스님은 공심이 있으니 해인사를 잘 살려낼 게야."

이에 청담이 다시 여쭸다.

"그럼 큰스님께서 종회의장을 맡아주시는 조건으로 소승이 총무원장을 맡겠습니다."

효봉은 고개를 끄덕여 청담의 청을 받아들였다. 이런 과정으로 자운이 마지못해 해인사 주지로 부임하자 당시 주지였던 대처승 봉암 변월주 선사는 해인사 관련 서류를 자운에게 선뜻 넘겨주고 가족들과 함께 해인사에서 물러났다. 그것으로 해인사의 정화가 이뤄진 셈이었다. 훗날 변월주는 독립운동가로서 포상을 받기도 했는데 청정비구 자운에게 선선히 자리를 내주고 해인사를 속히 정화하게 만든 것은 율사인 자운을 존경했으며 개인적으로는 자운과 함께 백용성 선사의 문도라는 인연이 있어서였다.

평소에도 무슨 소임을 맡는 걸 부담스러워하던 자운이었다. 그는 훗날 제자들에게도 어떤 감투라든가 자리를 탐내지 말 것을 신신당부하였다. 부산 감로사만 해도 처음엔 마지못해 떠맡은 것이었으나 상좌 보경을 얻은 뒤로는 미련 없이 주지 자리를 넘겨준 것도 그런 이유였다. 그럼에도 다른 사람들을 감싸 안고 이끌어가는 그의 능력을 필요로 하는 곳은 한두 군데가 아니었다.

마지못해 해인사 주지를 맡긴 했으나 이왕 그렇게 된 바에야 해인사에 누적된 문제들을 말끔히 해결하고 장차 한국불교의 중심도량으로 가꾸려는 게 그의 생각이었다. 팔만대장경을 소장하고 있는 법보종찰이었으나 당시의 해인사는 빈껍데기를 깔고 앉은 셈이었다. 사찰 소유의 토지가 다른 법인이나 농민들에게 넘어갔고 그걸 되찾기 위해 여러 건의 재판이 걸려 있었다.

자운은 해인사 주지로 취임하기 전 오대산 상원사 선방부터 찾아갔다. 거기서 참선수행하는 영암을 만나기 위해서였다.

"아니, 자운 율사가 이 먼 곳까지 웬일이시오?"

수행 중이던 영암이 반갑게 맞아 주었다.

"그냥 스님 뵙고 싶어 왔습니다. 잘 지내십니까?"

자운은 그렇게 안부를 전하고는 다짜고짜 영암이 빨래를 하려고 벗어 놓은 옷을 깨끗이 빨아 주는가 하면 헤진 곳을 꿰매 주기까지 했다. 그걸 말없이 지켜보던 영암이 물었다.

"가만히 보니 내게 무슨 부탁이 있는가 보오. 속 시원히 말해 보시오."

그제야 자운은 긴한 부탁을 털어놓았다.

"스님, 제가 이번에 해인사 주지를 맡게 됐는데 가만히 보니 걸려 있는 재판이 열 건이 넘는답니다. 그 재판에서 지면 해인사 재산은 물론 전국 조계종 사찰의 앞날에도 큰 영향을 끼치게 되었으니 스님이 총무를 맡아주셔야겠습니다."

'행정의 달인'으로 손꼽히던 영암은 그런 사정을 외면할 수가 없었다. 더구나 그는 1935년 불영사 수선결사 때 끝까지 자리를 지켰던 자운에게 무슨 일로든 보답하겠다고 약속한 바 있었다.

"그렇다면 내가 가야지 별 수 있겠소?"

이렇게 영암을 해인사 총무국장으로 얻게 된 자운은 천군만마를 얻은 듯 든든했다. 자운은 1955년과 1960년, 두 차례나 해인사 주지에 임명되어 소임을 다했으나 1970년 10월, 세 번째로 해인사 주지에 임명되었을 때는 극구 사양해 취임하지 않았다.

자운이 해인사 주지를 지낼 때는 영암이 총무 소임을 맡아 행정을 이끌어 갔다. 그리고 운허耘虛, 인곡麟谷, 성철性徹, 지월指月, 석호石虎 등 당대의 고승과 각 분야의 전문가들을 많이 모셔와 머물게 했다. 덕분에 당시 해인사에는 행정의 달인, 염불의 대가, 선의 대가, 강학의 대가, 포교의 달인, 불사佛事 전문가 등 불교 각 분야의 실력자들이 상주하게 되었다. 그 결과 사찰을 운영하다 어떤 문제에 부딪힐 경우 주변에 포진하고 있던 해당 분야의 전문가들로부터 언제든 조언을 듣고 능히 처리해 나갈 수 있었다.

특히 이 시기에 운허용하耘虛龍夏가 자운의 배려로 해인사에 주석하며 후학들을 양성하고 수많은 경전을 한글로 번역할 수 있게 된 것은 크게 주목할 부분이다.

당시 해인사 대중들은 주지 스님이 직접 운허 큰스님을 시봉하는 모습을 보며 깊이 감동했을 뿐만 아니라 저절로 고개를 숙였다.

"운허 노장님도 대단하시지만 주지 스님이 몸소 어른 스님을 받드시니 두 분 모두 존경스럽습니다."

"그러게 말입니다. 웬만하면 큰스님의 시자들에게 맡겨도 될 일을 주지 스님이 직접 하시니 우리 대중들은 더욱 몸가짐을 조심해야 할 것 같습니다."

대중들은 이구동성으로 자운 주지 스님의 정성에 탄복했고, 불전을 한글화하여 대중들에게 널리 알리고자 하는 운허의 원력을 본받고자 했다. 그러나 학승들은 운허의 흡연에 불만이 많았다.

운허는 한때 만주 벌판을 누비며 독립운동을 이끌었으며 여러 학교를 세워 인재양성에 앞장섰다. 그러다 뒤늦게 출가해 스님이 되었는데 출가 전의 습관 때문인지 담배를 끊지 못했다. 해인사에 머물 때도 마찬가지여서 『불교사전』 편찬을 돕던 학승들은 골초인 운허의 방으로 가 강의를 듣거나 원고를 정리할 때면 진하게 밴 담배연기 냄새로 곤욕을 치렀다.

"주지 스님, 운허 큰스님이 하도 담배를 많이 태우셔서 저희는 그 냄새 때문에 숨도 못 쉬겠습니다."

학승들은 틈만 나면 자운에게 하소연을 했다. 율사로 존경받던 자운 또한 운허의 흡연만은 어쩌지 못했다. 다만 흡연량을 줄이는 방법으로 그 문제를 해결해 나갔다.

자운은 상좌에게 분부해 마을로 내려가 담배를 사오게 한 뒤 매일 한 갑씩 들고 운허의 방으로 찾아갔다.

"허허허, 고맙구먼. 안 그래도 오늘은 주지 스님이 안 오시나 기다리고 있었네."

"그러실 줄 알고 지금 한 갑 사왔지요. 스님, 담배 끊는 게 힘드시죠?"

"생각보다 훨씬 힘들어. 오래 전부터 피우던 것이라 이젠 인이 박혀 쉽사리 끊을 수가 없어."

"그래도 건강을 생각하셔서 조금씩 줄여보세요."

"그렇게 해보겠네만 온 종일 『불교사전』에 매달리다 보면 나도 모르게 담배에 손이 가는구만……."

이럴 때 자운은 운허 스님의 말씀이 이해되면서도 노장의 건강을 염려하지 않을 수 없었다. 그래서 처음엔 하루에 한 갑씩 담배를 사드리다가 얼마 지나선 이틀에 한 갑, 사흘에 한 갑씩 사드리는 식으로 양을 줄여 나중엔 운허 스님 스스로 '골초'란 오명을 벗을 수 있게 했다. 담배를 끊지 못하던 스승의 마음을 다치지 않게 하면서도 그 양을 줄이도록 조절해 운허 노장뿐만 아니라 대중들 모두의 건강을 지킬 수 있게 한 지혜로운 방법이었다.

이처럼 자운은 해인사 주지로 있던 시기에 운허 스님을 모시고 『불교사전』 편찬 작업에 전념할 수 있도록 물심양면으로 지원을 아끼지 않았다. 그 결과 1961년에 한국불교 역사의 새로운 계기가 된 『불교사전』이 완간되었다.

『불교사전』은 불교의 교리와 전국 사찰 및 승려에 이르기까지 방대한 내용을 고루 수록한 당시 최초의 불교사전이란 점에서 의의가 지대하였다. 16,000여 개의 표제어를 담고 있는 『불교사전』 편찬 작업에는 인환, 법정, 정묵, 철정, 법안, 관일, 명철 등의 학인들이 1년이 넘는 동안 참여해 운허의 편찬 작업을 도왔다.

당시 『불교사전』은 '법보원'이란 출판사에서 펴냈는데 이는 운허가 추진하던 경전의 한글화에 적극 동참하던 강석주姜昔珠가 운허와 함께 설립한 출판사였다. 1923년 남전南泉을 은사로 선학원으로 출가한 강석주는 법보원을 설립해 첫 번째 책으로 『불교사전』을 펴낸 이후 출판사의 운영과 재정을 책임졌고 경전의 한글번역은 운허가 맡아 각자 역할을 분담했다. 법보원이 『불교사전』을 비롯한 수많은 불서를 펴내기 위해선 적지 않은 비용이 필요했는데 이는 자운의 주선으로 군산 고무공장 이만수李晩秀 사장과 오보명일吳寶明日 보살 내외가 당시 500만 원(현재 약 6억 원에 해당)을 시주한 덕택이었다.

자운이 해인사 주지로 있던 시기는 그의 상좌 지관이 본격적으로 학승의 길로 접어든 때였다. 지관은 출가한 이후 문경 봉암사 결사 때 스승 자운을 따라가 수행에 전념하다가 그 뒤 울릉도 성인봉 아래의 주사굴에서 정진했다. 그 무렵은 자운이 서울 대각사에서 율장을 펴내기 위해 준비하던 중이었다. 그러던 중 6·25 전쟁이 일어났을 때 지관은 포항 보경사 용화선원 등에서 정진했다.

그 뒤 당대의 대강백 운허 스님을 만나 그 문하에서 본격적으로 학승의 길로 접어들었다. 운허가 자운의 초청으로 해인사에 주석할 무렵엔 지관 또한 해인사에서 수행하며 학승의 길로 접어들었고 당연히 운허 대강백의 학문을 이어받았다.

이 무렵, 자운이 지관에게 당부했다.

"지관아, 넌 앞으로 한국에서 가장 존경 받는 학승이 되어야 한다. 네 공부 뒷바라지는 내가 얼마든지 해줄 것이니 오직 수행과 학문 연구에만 전념하도록 해라."

"은사 스님, 그 말씀 깊이 명심하여 더욱 정진하겠습니다."

이 같은 학문 연구 결과 지관은 20대 후반이던 1959년 밀양 표충사에서 강사로서 후학들에게 강의를 한 데 이어 이듬해인 1960년에는 대구 동화사 강사를 역임했다. 그 뒤 33세이던 1965년 무렵엔 최연소 해인사 강주로 임명되어 10년 동안 후학들을 지도했고 수많은 불서들을 편찬해 나갔다.

하루는 지관의 상좌인 세민世敏이 운허 강백에게 치문경훈緇門警訓에 관해 궁금한 것을 여쭈었다. 운허는 세민의 질문에 자상히 답한 뒤 덧붙였다.

"너도 네 스승(지관)처럼 지독하게 노력하면 훌륭한 학승이 될 것이다."

느닷없이 은사의 이야기가 나오자 세민은 평소에 궁금해하던 걸 여쭸다.

"요즘 소장파 강백으로는 월운 스님과 지관 스님을 첫손에 꼽고 있습니다. 노스님이 보시기에 두 스님은 어떤 차이가 있을까요?"

"월운은 영리한 사람이고 지관은 대단한 노력가야. 그 사람이 젊은 나이에 해인사의 강주가 된 것은 그처럼 치열한 노력이 있었기 때문이지."

세민이 보기에도 운허의 평가는 과장된 게 아니었다. 은사 지관 스님은 매사에 철저한 분이었다. 학문에서만 그런 게 아니라 언행도 마찬가지였다. 낙엽이나 눈이 내려 마당을 쓸 때, 밭을 맬 때나 이런저런 울력을 할 때 가장 먼저 나서서 솔선수범을 함으로써 다른 스님들의 귀감이 되었다. 그런데 이런 행동은 모두 노스님 자운의 가르침에서 비롯된 것이었다.

자운은 상좌나 후학들에게 언성을 높이거나 심하게 꾸짖는 대신 몸소 실천하는 모습을 통해 말 없는 가르침을 전하는 스승이었다. 이를테면 제자인 지관이 강주講主로서 해인사 비구니들에게 경을 가르칠 때를 들 수 있다.

1960년대 후반, 해인사에서 수학하던 비구니는 그리 많지 않아 지관이 머물던 처소에서 따로 강의를 해야 했다. 그럴 경우 자운은 제자의 방 밖을 오가며 헛기침으로 인기척을 내고는 했다. 한순간도 방일하지 말라는 말 없는 가르침이었다. 제자를 아끼던 자운의 마음이 고스란히 드러나는 일화다.

그런가 하면 자운은 1969년 초판이 발행된 이래 꾸준히 개정판이 나왔던 지관의 『한국불교소의경전연구』 출판비용 전액을 지원한 것을 비롯해 『남북전육부율장연구』, 『비구니계율연구』 등의 출판비용을 지원함으로써 애틋한 제자 사랑을 보여 주었다.

자운이 해인사 주지로 있을 때 세운 또 다른 업적은, 본래의 해인사 소유 토지를 되찾았을 뿐 아니라 크게 넓혀 오늘날과 같은 도량으로 확장하는 기반을 닦았다는 점이다.

1946년 독립지사 신익희가 설립한 재단법인 국민대학관은 6·25전쟁 시기에 학교를 해인사 경내로 이전했으며 1952년 3월 23일에는 교명을 해인대학海印大學으로 바꾸었다. 이때 해인사에서는 해인대학에 임야 3,328정보와 농지 25,937평을 무상 양도해 주었다. 그 뒤 전쟁이 끝나고 해인대학은 진주, 창원 등으로 이전했으며 교명도 마산대학으로 바뀌었다. 그럼에도 해인사에서 양도 받은 토지를 반환하지 않았다.

이 와중에 주지가 된 자운은 마산대학의 이용조 학장의 집으로 여러 번 찾아가 토지를 반환해야 할 당위성을 조목조목 설득했고 때로는 그 집에서 잠을 자면서까지 토지 환수를 위해 열성을 다했다. 그 결과 마산대학은 해인사에 토지를 반환했고 그 뒤로는 지금의 경남대학교에 합병되었다.

이처럼 자운의 지극한 노력으로 해인사 토지가 환수되었는데 이번엔 그 토지를 등기하는 데 필요한 수수료가 매우 많아 고생했다. 그런 노력의 결과로 해인사가 지금과 같은 면모를 갖춘 것이라 지금도 많은 스님들은 자운을 해인사 중창조로 칭송하고 있다.

자운은 이와 같은 행정적인 업적뿐만 아니라 한국불교의 계율을 정착시키는 데 큰 역할을 해나갔다. 자운은 1956년, 그러니까 정화 이후 해인사 초대 주지로 임명된 이듬해에 해인사 금강계단 전계화상傳戒和尙으로 추대되었다.

비구나 비구니로서 구족계를 받기 위해선 세 분의 스승과 일곱 분의 증인이 필요한데 이른바 삼사칠증三師七證이다. 자운은 해인사 주지와 함께, 삼사 중에서도 계를 주는 전계사라는 중책을 겸임하게 된 것이었다.

전계사 자운은 해인사 금강계단에서 비구 및 비구니 수계산림 법회를 연이어 개최했는데, 이때부터 단일계단이 만들어지기 전까지 30여 년 동안 전국 각 사찰 단위로 시행된 계단戒壇에서 자운이 계를 내린 비구는 1,650명, 비구니는 1,536명에 이른다. 또한 사미·사미니, 보살계, 식차마나(예비 비구니), 우바새(남자 신도), 우바이(여자 신도), 팔관재계(재가의 신도들이 하룻밤, 하루 낮 동안 받아 지니는 계율) 등을 받은 수계제자는 자그마치 10만여 명에 이르는 것으로 추산되고 있다.

자운은 1955년 정화 이후 초대 해인사 주지로 임명되었으나 2년이 지난 1957년에 사임했다. 이는 당시 총무원장이던 청담이 해인사 주지를 겸직하게 되었기 때문이다. 그 뒤 1960년 6월, 자운은 다시 해인사 주지를 맡게 되었다. 이때 청담이 자운의 해인사 주지 임명장을 들고 와 긴히 부탁했다.

"내가 총무원과 해인사를 오가느라 해인사 살림을 깊이 돌보지 못했네. 자운 스님이 꼭 정상화시켜 주게."

하는 수 없이 해인사를 다시 떠맡게 된 자운은 지난번처럼 영암을 찾아가 다시 총무국장을 맡아달라고 부탁한 뒤 월하, 대휘, 석암, 홍경 등 도반 스님들을 해인사로 초빙했다. 해인사 주지 수락 여부를 두고 자문을 구하기 위해서였다. 그런데 걸려 있는 복잡한 문제들이 워낙 많아 모두들 반대했다.

"우린 자운 스님이 그 인수인계서에 도장을 찍지 않기를 바랍니다."

"그렇습니다. 이렇게 사정이 어려운데 무슨 수로 주지를 다시 맡으려고 하시오? 괜한 고생을 하지 마십시오."

이렇게 대부분의 도반들이 권했으나 영암은 생각이 달랐다.

"힘이 들긴 하겠지만 자운 스님과 내가 전에도 해인사를 운영해 본 경험이 있으니 이번에도 혼신을 다하면 불가능하진 않을 것입니다."

그만큼 해인사, 더 나아가 한국불교를 살리겠다는 영암과 자운의 의지가 강했던 것이다. 그래서 두 사람은 해인사를 살릴 방도를 여러 시간 의논한 뒤 인수인계서에 도장을 찍었다. 자운이 이 사실을 초청한 도반들에게 알렸을 땐 저녁공양 때가 다 되었다.

"허허! 우리가 그렇게 말렸건만 기어이 해인사를 다시 맡겠단 말이오? 우린 밥 생각 없으니 두 분이나 많이 드시오."

도반들은 이렇게 섭섭해 하며 해인사를 떠났다.

다시 주지와 총무로서 호흡을 맞추게 된 자운과 영암은 우선 해인사 주변 소나무마다 주렁주렁 매달린 깡통을 제거하는 일부터 시작했다. 그 깡통들은 전임 주지 청담이 소나무마다 송진을 채취하기 위해 매달아 놓은 것이었다. 송진을 내기 위해 나무마다 칼집을 내고 깡통을 매단 것인데 그게 외관상으로도 보기에 좋지 않았고 송진을 채취해 이렇다 할 수익을 낸 것도 아니니 당연한 조치였다.

당시 해인사 학인 중에는 효봉曉峰의 상좌로 출가한 법정法頂도 있었다. 훗날 법정은 이런 회고를 남기기도 했다.

"내가 중노릇하는 데 가장 많은 영향을 미친 분이 자운 스님이었어요. 해인사 시절하고 역경원 만들었을 때, 그밖에도 가끔 모시고 지냈는데 비구로서 은사나 계사 스님이 아니고 내가 중노릇할 때 늘 나를 지키고 보살펴준다는 그런 생각에서 내가 은사스님보다 더 소중하게 모시는 그런 분입니다. 또 그분은 겉으로는 엄한데 개인적으로 대하면 아주 인자하신 분입니다."

1960년대 초반 해인사에 머물던 법정은 대중생활에 소극적이던 독특한 스님이었다. 예불, 공양, 울력을 안 하고 혼자 방에만 은거하고 있었으니 다른 대중들은 그를 미워하고 손가락질했다. 당시 자운을 시봉하던 혜총도 마찬가지였다. 혜총은 "자운 큰스님이 당신이 쓰던 방을 법정 스님에게 내주고는 48칸이나 되는 명월당으로 처소를 옮겼는데 그때부터 매일처럼 청소하느라 죽을 고생을 했다."고 털어놓은 적이 있다. 그러니 법정 스님이 밉상스러웠는데 그것으로 그치지 않고 자운 스님이 틈만 나면 옷이나 양초, 먹을 것, 돈 등을 갖다 주라고 하니 좀체 이해가 안 되는 것이었다.

"혜총아! 이 양초들 법정 스님에게 갖다 드려라. 지금쯤 쓰던 양초가 모두 떨어졌을 것이다."

이런 명이 떨어지면 혜총은 양초가 담긴 자루를 메고 법정의 방 앞으로 가서 소리쳤다.

"스님 계세요?"

이렇게 두세 번 부르다가 대답이 없으면 그냥 툇마루에 양초 자루를 던져 놓고 돌아오기 일쑤였다. 그렇지 않아도 미운 스님이니 굳이 만나서 미주알고주알 이야기를 나누고 싶지도 않았기 때문이다. 그러던 어느 날 혜총이 자운에게 불만을 터뜨렸다.

"큰스님, 대중들은 법정 스님을 싫어하는데 큰스님은 뭐 하러 이렇게 잘해 주십니까?"

자운이 웃으며 답했다.

"혜총아, 그런 말 하지 마라. 그 스님은 장차 우리 종단을 위해 큰일을 하실 분이다. 그러니 미워하지 말고 잘 모시도록 해라."

이 말을 듣고 혜총의 마음은 비로소 누그러졌다. 혜총 등 제자들은 자운의 가르침을 부처님 말씀처럼 알아들었기에 무슨 분부든 떠받들었던 것이다. 그때부터 혜총은 법정에게 가져갈 물건이

있으면 공손히 문을 열고 들어가 방 안에서 법정에게 전하고 또 대화를 나누곤 했다.

혜총이 처음 법정의 방에 들어갔을 땐 기절초풍을 할 정도로 놀랐다. 사방의 벽면이 책으로 가득 찼으며 당시로선 귀했던 일본제 4채널 오디오도 있었다. 법정은 평상시에 헤드폰을 끼고 클래식을 들으며 책을 읽는 게 일상이었다. 자나 깨나 음악을 듣고 책을 읽느라 혜총이 밖에서 부르는 소리를 듣지 못해 오해를 받았던 것이다.

혜총은 그때의 일을 다음처럼 회고했다.

"나는 이 세상에 이렇게 책을 많이 읽는 사람이 있구나 하면서 놀랐어요. 아주 깜짝 놀랐어요. 우리는 책도 안 보는데, (법정 스님이) 책을 마음껏 보고 클래식 음악에 심취한 모습을 보고서는 이전의 생각이 바뀌어 버렸어요. 그 후로는 법정 스님과 아주 가까워졌어요."

훗날 법정은 자운이 큰 관심을 기울였던 역경 사업에 심혈을 기울였고, 특히 수많은 에세이를 발표하며 주옥같은 문장으로 세상 사람들의 영혼을 정화할 뿐만 아니라 불교에 대한 인식을 크게 끌어올렸으니, 자운의 인재를 알아보는 안목이 얼마나 높았는지 짐작할 수 있다.

이런 차원에서 혜총은 자운 율사를 여래십호如來十號의 하나인 '조어장부調御丈夫'라 칭송한다. 조어장부는 모든 사람을 잘 다

루어 깨달음을 이루게 하는 부처란 뜻이니 자운의 그릇과 성품에 잘 어울리는 비유라고 할 수 있다.

자운은 초대 주지 때 경남대학교에 무상으로 양도했던 토지를 환수한 데 이어 1960년대 초반 해인사 주지로 재임한 뒤로는 이른바 '분배농지소유권확인소송'에 전념했다. 이 소송은 7차에 걸쳐 진행되었다. 이 소송이 일어난 것은 농민과 해인사 스님의 감정싸움에서 비롯되었다. 해마다 해인사 주변 농민들은 해인사 토지를 경작하고 해인사에서는 농지 면적에 비례하는 곡식을 경작 농민들에게 수곡收穀한다. 그런데 농사를 짓던 한 부인이 제대로 곡식을 납부하지 않자 해인사 스님들이 그 부인을 불러 참회를 시켰다. 이 소식은 해인사 농지를 경작하던 농민들에게 전해져 그들의 분노를 일으켰다. 그 결과 농지 소송이 시작되었으며 1심에선 해인사가 패소하고 말았다. 해인사 소유의 농지가 농민들의 손으로 넘어가게 될 위기였다. 자운과 영암은 이런 상황에서 해인사 운영을 다시 떠맡은 것이니 그 재판에서 반드시 이겨야만 했다.

재판이 있을 때마다 총무 영암은 새벽처럼 목욕재계 후 해인사 국사단局司壇에서 정성껏 기도했다. 국사단은 가야산을 수호하는 산신인 정견모주正見母主와 사찰을 수호하는 국사대신局司大神을 모신 전각으로 일반 사찰의 산신각에 해당하는 건물이다. 해인사 일주문을 지나 봉황문(사천왕문)을 거쳐 해탈문 쪽의 중간 우측에 있는데 1960년대 초반에는 국사단 내부에 탁자가 놓여 있고 사찰 수호를 상징하는 동물 형태의 철제 조형물 10여 점이 설치된 상태였다.

하루는 자운이 영암에게 상의했다.

"다음번 재판에서 우리가 반드시 이겨야 할 텐데 무슨 방법이 없겠습니까?"

"우리처럼 속세를 떠난 사람들에게 무슨 방법이 있겠습니까? 그저 지극한 마음으로 불보살님께 기도를 드리는 수밖에요."

"그렇긴 합니다만……."

"안 그래도 내일부터 하루 세 번씩 국사단에서 기도를 올릴까 합니다."

이렇게 다짐한 것처럼 영암은 매일 세 차례씩 국사단으로 가 기도를 올렸다. 특히 사시공양 때는 국사단 근처에서 마짓밥을 따로 지어 공양 올릴 정도로 정성을 기울였다.

"우리가 패소하면 해인사 대중이 먹고 살 양식이 부족해지고 그리되면 해인사뿐 아니라 이 땅의 불교도 설 자리를 잃을 것입니다. 어떻게 해서든 이번 재판을 이길 수 있도록 외호하여 주소서. 만약 승소한다면 당신의 궁전을 중수하겠나이다."

영암은 국사대신에게 이렇게 기도를 했다고 하는데, 그 모습이 얼마나 엄숙하고 정성스러웠는지 해인사 대중 모두의 마음이 숙연해질 정도였다. 이때 자운도 영암이 기도에 전념할 수 있도록 물심양면으로 지원한 것은 물론 재판 비용을 마련하는 데 힘썼다. 재판이 한 번 열릴 때마다 엄청난 소송비용이 들어갔는데 7차에 걸친 소송비용을 합치면 소송에 걸린 토지를 모두 매입할 정도의 규모였다. 그 후 3심 때의 재판에서 최종 승소해 해인사 재산을 되찾게 되자 영암은 국사대신에게 했던 약속을 지키기 위해 국사단을 장엄하게 중수했다.

한편 이 재판에서는 자운과 영암을 도우려는 화주들이 여기저기서 나타나 적잖은 재산을 보시했다. 그 중 군산고무공장을 운영했던 이만수 사장과 오보명일 보살 내외를 대표적으로 들 수 있다.

이들 내외는 어느 날 자운을 찾아와 마음에 담았던 걱정거리를 털어놓았다.

"죽은 전처가 밤마다 꿈에 나타나 괴롭히고 있어 아무 일도 할 수 없고 심란하니 이를 어쩌면 좋겠습니까?"

자운이 답했다.

"정성껏 기도하면 부처님께서 모두 들어 주십니다. 아무 걱정 마시고 며칠 쉬었다 가십시오."

그날부터 자운은 이만수 거사 내외가 머무는 방의 군불을 직접 땠는데 너무 덥지도 않고 춥지도 않게 온도를 조절해 주려고 정성을 다했다. 뿐만 아니라 사중의 운허, 지월, 도견, 도성, 일타, 법정 등 해인사 대중 스님들에게 부탁했다.

"오늘부터 2시간씩 교대하며 7일간 24시간 내내 내외를 위해 독경과 염불소리가 끊이지 않게 해주십시오. 그게 우리 해인사를 살리는 길입니다."

이와 별도로『삼시계념불사三時繫念佛事』란 책자를 운허 스님에게 한글로 번역해줄 것을 부탁해 등사판으로 찍어 독송하도록 했다. 이 책은 중국 원나라 때 중봉화상中峯和尙이 편찬한 불교 의식집으로 하루를 3시로 나누어 염불하는 절차에 대해 서술하고 있다. 나중에 이 책자는 서울 진관사의 후원으로 활자본으로 출판되어 전국에 보급되었다. 자운은 1942년 무렵부터 염불 수행에 깊은 관심을 가졌고 1953년부터는 본격적으로 정토사상과 염불 수행에 전념해 왔다. 그가『삼시계념불사』등을 널리 보급하고 또 이만수 거사에게 그랬던 것처럼 신도들의 신행을 위해 정성껏 기도를 한 것은 당연한 일이었다.

자운은 또한 해인사 대중들에게『범망경보살계』법문을 설했으며 기도 중 대중들 모두 오후불식을 하게 했다. 이처럼 자신뿐만 아니라 모든 대중에게 지극정성으로 기도를 올리게 하고 원만히 회향한 뒤의 일이다. 이만수 사장이 자운을 찾아와 감사의 뜻을 전했다.

"스님께서 정성껏 기도해 주신 덕분에 어젯밤 꿈에 전처가 다시 나타나 '나를 위해 이렇게 기도를 열심히 해 주어서 내가 부처님 가피를 입고 부처님 세계로 갑니다.' 하고 인사를 하더군요. 그래서 지금은 마음이 너무 편안합니다. 정말 어떻게 은혜를 갚아야 할지 모르겠습니다."

"저희가 정성껏 올린 기도가 원만히 성취되어 다행입니다."

자운이 밝은 표정으로 답했다.

그 뒤 이만수 사장 내외는 공양미 수백 가마니를 여러 트럭에 나눠 싣고 와 시주를 했으며, 해인사에 여러 차례 큰 보시를 하여 소송을 하는 데 큰 도움을 주었다. 운허와 석주가 설립한 법보원 출판사에 큰 시주를 했던 것도 이런 인연이 있어서였다.

이와 별도로 자운은 영암 등 삼직三職 스님과 회의를 열었다.

"일부 단월들의 굵직한 시주도 좋지만 신도들이 십시일반으로 보시할 수 있는 방법을 찾아봅시다. 다 함께 동참해 재판비용을 모금하고 조그만 공덕이라도 짓게 하는 게 좋지 않겠습니까?"

"해인사가 팔만대장경을 소장하고 있는 법보종찰이니 그에 걸맞은 행사를 생각해보시지요."

영암이 제의하자 모두들 그게 좋겠다며 고개를 끄덕였다.

"좋은 의견이십니다. 기왕 말이 나왔으니 총무 스님께서 좀 더 구체적으로 말씀해보시지요."

대중들이 청하자 영암이 잠시 생각한 뒤 다시 말했다.

"내가 알기론 조선시대 초기인 1398년에 강화도 선원사에서 우리 해인사로 대장경판을 이운했을 때 신도들이 경판을 머리에 이고 경내를 돌았다고 합디다. 그걸 정대불사頂戴佛事라고 불렀다던데 그 행사를 해마다 재현하면 어떻겠습니까?"

영암의 말이 끝나자 자운을 비롯한 일행은 모두 좋은 생각이라며 반색했다.

"참으로 훌륭하신 말씀입니다. 총무스님께선 그 정대불사 행사를 구체적으로 구상하셔서 올해부터 시행할 수 있게 준비해주십시오."

이런 결의 끝에 1959년부터 해인사에서는 해마다 정대불사를 열고 있다. 장경각에 소장된 팔만대장경판을 불자들마다 머리에 이고 해인사 마당에 그려놓은 법성게 글자를 따라 돌게 하는 불사였다. 이는 대장경판의 습기를 제거하고 햇빛을 쏘여 더욱 영구히 보존할 뿐만 아니라 보살들의 불심을 끌어올리는 데 큰 역할을 했다. 이 불사는 신도들 사이에 큰 인기를 끌어 소송비용 모금에도 크게 일조했다.

결국 1962년 4월 4일에 열린 대법원 공판에서 자운과 영암은 최종 승소했다. 자칫하면 뿔뿔이 흩어질 뻔했던 해인사 재산을 되찾게 된 역사적인 소송이었다. 모두 자운의 정성어린 기도와 화주, 행정의 달인으로 손꼽히는 영암의 노력 덕택이었다. 이 승소 판결은 해인사 토지를 되찾는 데 그치지 않고 비슷한 문제로 골머리를 앓던 쌍계사, 고운사, 통도사, 범어사 등 전국 주요 사찰에 중요한 판례로 적용되어 승소할 수 있는 직접적인 계기가 되었다.

결과적으로 자운과 영암의 공심公心이 한국불교계를 살린 셈이었다. 그 시기를 해인사에서 함께 했던 후학들은 지금도 자운과 영암의 합심과 협력 덕택에 한국불교의 기틀을 다지게 된 것이라고 말한다.

누군가에게 일을 맡기면 끝까지 믿고 따라주는 게 자운의 성품이라고 후학들은 입을 모으고 있다. 어떤 분야의 일을 적임자에게 맡기고 끝까지 최선을 다하도록 이끌어주는 자운의 용인술은 어디에서 비롯되었을까?

그 실마리를 그의 남다른 독서에서 찾을 수도 있겠다. 손상좌 혜총의 증언에 따르면 자운은 한때 『삼국지』, 『수호지』 등을 원문으로 탐독했다고 한다. 그걸 의아하게 여긴 혜총이 하루는 여쭸다.

"큰스님은 저희들한테 외전外典을 읽지 못하게 하시면서 왜 이런 책들을 탐독하십니까?"

"그러게 말이다. 나도 전엔 이런 책을 거들떠보지도 않았는데 이제 보니 세상을 운영하는 지혜가 이런 책들 속에 들어 있는 것 같구나. 그래서 읽는 것이다."

이와 같은 대답처럼 자운은 보다 넓고 큰 안목으로 인재를 배치하거나 적절한 운영을 통해 불교를 활성화시키려 했다. 그 결과 해인사 주지, 조계종 총무원장 등 종단의 요직을 원활하게 수행할 수 있었던 것이다.

당시 그가 해인사로 모신 스님들 중에서도 가장 가깝고 긴밀한 관계에 있던 사람은 조카상좌이면서 도반으로 지냈던 성철이었다. 자운의 배려에 힘입어 성철은 결국 해인사 방장, 조계종 종정에 추대되어 한국불교의 위상을 크게 높였다.

　성철이 해인사 백련암에 주석하게 된 것은 1966년 무렵이었다. 당시 성철은 김용사에 머물고 있었는데 하루는 자운이 찾아가 제안했다.

　"성철 스님, 이제 해인사로 가자. 해인사의 법통을 지키려면 스님이 있어야 한다."

　"해인사? 거기에 내가 머물 암자가 있나?"

　"있지. 내가 백련암 쪽에 얘기를 다 해놨으니 가면 된다."

　자운의 말처럼 당시 백련암은 도원道圓 율사의 거처로 사용되고 있었다. 그런데 자운이 그곳을 성철 스님의 주석처로 삼는 게 좋겠다며 설득하자 도원은 기꺼이 암자를 비워 주고 많은 신도들의 요청에 따라 대구에 삼보사라는 사찰을 창건하여 그곳으로 옮겼다.

　사실 성철은 해인사 백련암에서 혜일慧日 선사를 은사로 모시고 수계·득도한 바 있었으니 백련암과 인연이 깊었다.

　자운이 백련암으로 이주할 것을 여러 번 권하자 성철은 마침내 그 뜻을 받아들였다. 그래서 성철의 맏상좌인 천제가 미리 백련암으로 가 축대를 쌓고 마당도 고르고 하여 도량을 정비한 뒤인

1966년 10월, 백련암으로 거처를 옮길 수 있었다.

이듬해인 1967년, 종단에선 총림법을 수정, 통과시켜 해인사에 해인총림을 설치하게 되었다. 해인총림은 1947년 설치된 바 있던 가야총림과 성격이 다른데, 가야총림이 해방 후 일본불교의 적폐를 청산하기 위한 모범총림으로 설치된 것과 달리 해인총림은 불교정화 이후 총림법을 개정해 처음으로 세워진 총림이라는 데 큰 의의가 있다. 해인총림에 이어 두 번째 총림인 송광사 조계총림이 세워지는 등 그 후 대찰을 중심으로 여러 총림이 설립되었다.

불교의 종합 수행기관이랄 수 있는 총림의 어른을 방장이라 하는데 해인총림의 초대 방장으로 성철 선사가 추대되었다. 성철은 그때부터 그 유명한 '백일법문百日法門'을 설하였는데, 이는 불교의 중심 사상인 중도사상을 체계화한 내용이었다.

자운은 성철을 해인사 초대 방장으로 추대한 데 이어 1981년에는 조계종 제7대 종정으로 추대하는 데 지대한 역할을 했다.

"성철 스님은 그 학식이 깊고 이른 나이에 확고한 깨달음을 얻은 이 시대의 선지식입니다. 지금 종단에는 종정으로 추대할 큰 스님들이 많이 계시지만 나는 한국불교의 밝고 힘찬 미래를 위해서 성철 스님을 추대하고자 합니다."

결국 자운의 말대로 성철은 통합종단의 제7대 종정으로 모셔졌는데 이는 당시 자운의 영향력이 종단의 여론을 움직일 정도로 컸기에 가능한 일이었다.

자운은 시주물을 아끼고 절약하는 생활이 몸에 배어 있었고 그걸 후학들에게 몸소 일러 주었다. 하루는 학인들이 남포등에 묻은 석유 그을음을 닦고 물로 씻은 뒤 말리기 위해 일렬로 세워 놓았다. 약 20여 개의 남포등을 가지런히 세워 놓고 마르길 기다리는데 갑자기 강풍이 불어 등이 쓰러지면서 모조리 깨지고 말았다. 남포란 영어 램프Lamp에서 유래한 용어로 한국에는 석유가 수입되면서부터 사용됐던 등기구이다. 다른 말로는 '호야등'이라 하기도 했는데 자운은 이 용어를 주로 사용했다.

바람이 불어 귀한 '호야등'이 모두 깨졌다는 걸 알게 된 자운이 이튿날 아침 대중공사 때 물었다.

"듣자 하니 어제 바람이 심했는데 학인들이 주의하지 않아 호야등이 모두 깨졌다는데 사실인가?"

"그렇습니다."

"하면 등을 깬 학인들에게 그 값을 받아야겠구나."

주지 스님이 호야등 값을 물어내라고 했다는 말은 곧 학인들에게 전해져 비상이 걸렸다. 이에 큰방의 명등明燈 소임을 맡은 학인이 자운을 찾아가 참회했다.

"스님, 저희 학인들의 실수를 깊이 참회합니다. 앞으로는 이런 일이 생기지 않도록 조심할 테니 용서해 주십시오. 또 틈틈이 돈을 모아 남포등 값을 물어낼 뿐 아니라 여분의 등을 마련해 놓겠습니다."

그때 자운이 온화하게 웃고는 답했다.

"이 사람아, 내가 그런 말 했다고 마음에 담아 두지 마라. 내가 어른으로서 주의를 주려는 것이지 정말 학인들에게 호야등 값을 받으려고 그랬겠는가? 모두 부지런히 정진하게."

이 말을 전해들은 학인들은 자운의 자비로운 격려에 감동했고 심지어 눈시울을 붉히는 학인도 있었다.

자운은 평소에도 웬만한 일로는 좀체 화를 내거나 큰소리를 지르지 않았는데 그러면서도 제자들에게 감화를 주어 바른길로 이끌어 주는 스승으로 존경 받았다. 그가 해인사 주지로 있을 때 혈기왕성한 학인들이 밤만 되면 해인사 인근 신부락으로 곡차를 마시러 다녔다. 그리고 밤늦게 돌아올 때는 으레 월담을 하고는 했다.

그러던 어느 날 밤이었다. 으레 그렇듯 학인들이 술을 마신 뒤 담을 넘는데 누군가 그 담 안에 엎드려 허리를 대주었다. 덕분에 담을 안전하게 넘고 난 학인들이 그 스님에게 물었다.

"뉘신데 이처럼 선행을 베푸시오?"

"난 자운이란 중일세."

주지인 자운의 목소리를 듣고 난 학인들은 그만 술이 확 깬 채 얼음처럼 굳어졌다.

"그렇게 술을 마셨으니 어디 한 소식을 내놓아들 보게."

그 시절엔 주지가 산문 밖으로 외출하거나 돌아올 때면 대중에

게 미리 고하기 마련이었고 대중은 일렬로 도열해 배웅하거나 마중하는 게 일반적이었다. 그처럼 예의범절과 서열의식이 깍듯하던 시기에 '부처님이나 다름없는' 주지 스님이 술 취한 자신들이 안전하게 담을 넘으라고 허리까지 대 주었으니 학인들은 입이 열 개라도 할 말이 없었다.

결국 그들은 자운 앞에 엎드려 참회하고 두 번 다시는 곡차를 마시러 다니지 않았다. 이처럼 자운은 화를 내거나 목소리를 높이지 않고도 후학들을 치열한 수행의 길로 이끌었다.

염불과
기도의
삶

이 무렵의 어느 날, 강원에서 『서장書狀』을 읽던 학인 성범이
자운에게 여쭸다.

"스님, 다른 스님들은 참선을 해야지 염불을 하면 깨달음을 얻
을 수 없다고 하는데 정말인가요?"

자운이 답했다.

"그런 말에 귀 기울이지 마라. 염불도 참선과 같다. 네가 직접
해보면 알겠지만 어찌 보면 염불이 더 빠른 거야. 그러니까 너도
염불을 해 보는 게 어떠냐?"

자운은 1940년대 초반부터 염불 수행이 자신의 근기에 어울릴
것으로 여겼으며 여러 경전을 통해 정토사상을 연구했고 몸소 실
천했다. 그런 까닭에 많은 수행자들은 자운을 대율사로만 한정해
서는 안 된다고 입을 모은다. 이는 자운이 다양한 계본戒本은 물
론 정토경전, 『자비도량참법』과 같은 참회문을 발행하고 전국에
널리 보급한 점에서도 능히 짐작할 수 있다. 참선, 염불, 독경 등
다양하고 지극한 수행을 통해 깨달음의 정토에 이르려 했던 율사

가 자운이었다.

자운의 손상좌인 태원太元도 염불에 관해 여쭌 적이 있다. 대개의 청년 출가자가 그렇듯 태원은 출가 초기에 노스님의 얼굴을 감히 마주 쳐다볼 수 없어 멀리 피해 다닐 정도였다. 그런 태원이 하루는 조심스럽게 여쭤 보았다.

"조계종단에서 큰스님으로 존중 받는 분들은 참선을 하시는데 노스님께서는 왜 참선을 안 하고 염불을 하십니까?"

자운이 답했다.

"지금은 부처님이 열반에 드신 지 2,500년이 지난 말법시대 아니냐. 네가 잘 알다시피 이 세상이 혼탁해져 인간의 심성이 물질과 명예 등 오욕五欲을 추구하려는 욕망으로 가득 차 윤리와 도덕을 등한시하고 있어. 심성을 바르게 하여 자리이타적自利利他的인 수행을 하기 어려운 시대다. 다시 말해 지금은 자력으로 완전한 깨달음을 얻기 어려운 때이니 부처님의 본원력을 입으려면 타력 수행법인 염불을 하는 게 좋다."

하지만 태원은 선 수행에 대한 동경심이 있었기에 자운의 말을 쉽사리 수긍할 수가 없었다.

"흔히 불교는 자력적인 수행이지 타력적인 수행이 아니라고 하는데 그렇다면 스님의 말씀은 모순이 아닐까요?"

태원의 물음에 자운이 되물었다.

"부처님의 본원本願은 중생을 구제하기 위해 세우신 것이다. 이 본원을 입는 자체가 타력이 아니냐?"

태원은 그만 말문이 막혔다. 자운이 잠시 사이를 두었다가 가르침을 이어나갔다.

"사람 몸 얻기 어렵고 불법 만나기 어려운데 다행히 금생에 인간으로 태어나 네가 중이 되어 정토도량인 보국사에 왔으니 부지런히 염불하여 극락정토에 왕생하기를 발원하는 게 좋을 것이다. 이번 생에 한번 미끄러지면 만겁에 다시 만나기 어려우니 이 인연을 소중히 여겨야 한다."

태원은 이 말씀이 가슴 깊이 각인되었다. 그는 당장 노스님을 따라 염불수행을 시작했고 한편으로는 정토사상을 연구하기로 결심했다. 태원은 생각했다. '사실 인생이 백 년이라 할지라도 흘러 지나가는 것은 하나의 꿈과 같으니 한 순간에 불과한 것 아닌가. 인생사라는 건 고통의 연속이지 않는가!'

태원은 세상에 태어나 자운 율사를 가까이 모실 수 있고 정토도량에서 소임을 보며 법문을 들을 수 있는 것 자체가 정토와 인연이 있으며 큰 행운으로 여겼다. '아미타불'이란 명호를 부르기만 해도 완전한 즐거움과 생사를 벗어나 무생법인無生法忍을 얻을 수 있기 때문이다.

어느 날 그가 아미타경을 독송하다가 노스님께 여쭸다.

"큰스님, 이 경을 보니 극락세계의 땅은 황금, 나무는 칠보로 되어 있다는데 왜 그런 비유를 들었을까요?"

자운이 설명했다.

"극락세계는 '무위열반無爲涅槃의 세계'로 중생의 경계를 초월한 깨달음의 세계이며 말이 끊어져 생각할 수 없는 세계다. 그러나 극락세계의 모습을 표현하지 않으면 사람들을 인도할 수 없기에 이 세상에서 가장 아름다운 것을 가지고 방편으로 설하신 것이다."

이렇게 운을 뗀 자운은 여러 가지 이론을 들어 정토사상에 대해 소상히 설명해 주었다. 훗날 태원이 정토학을 제대로 전공한 뒤 돌아보니 자운 노스님의 정토사상에 대한 박학다식함에 새삼스레 고개가 숙여졌다.

자운은 계율에 관한 불서들을 편찬해 전국에 보시했던 것처럼 정토에 대한 수많은 책들을 편찬해 인연 있는 불자들에게 널리 보급했다. 이를테면 『정토법요』, 『정토예경』, 『삼시계념불사』, 『아미타불종자진언』, 『정토삼부경』, 『정토심요』, 『미타예찬』, 『미타예참』, 『정토의범』 등 다양하다.

이 가운데 『정토법요』는 자운이 직접 찬술한 것으로 예경, 발원문, 정념게, 찬불게를 한 후 아미타불 명호를 부르는 정근과 회향게로 이루어져 있다. 이 책은 한국불교사에서 처음으로 소개된 정토예배법이라는 점에서 큰 의의가 있다.

『정토예경』도 자운이 직접 편찬하여 발행한 것으로 예배의 의식절차를 행하기 쉽게 만들었다. 태원은 스승 자운이 용수보살,

담란대사, 선도대사의 예참禮懺 사상을 이어 받아 현대의 한국불교에 맞게 예참법을 편찬했다고 분석하고 있다.

자운은 1957년까지 한글 번역본『사미율의』를 비롯한 다섯 가지 율서를 모두 3차에 걸쳐 48,000권을 간행해 배포했다. 이때 계정戒定일치 수행을 제창한 데 이어 한글 번역본『무량수경』을 비롯해 10여 종의 불서 90,000여 부를 간행 배포했다. 같은 해에는 대한불교조계종 경상남도종무원장에 선출된 데 이어 이듬해(1958년)에는 대한불교조계종 감찰원장에 취임했다. 그리고 1959년엔 밀양 표충사 주지로 취임했다.

견문을
넓히는 것도
큰 수행

1960년 5월, 스리랑카에서 세계불교승가연합회가 개최되었다. 이때 자운은 한국대표로 임명되어 처음으로 해외여행을 떠났다. 이 여행은 자운에게 여러 가지 문화적인 충격과 자극을 주었다. 특히 초기불교의 의식儀式과 원형을 가장 잘 유지하고 있던 스리랑카 불교는 자운에게 많은 것을 일깨워 주었다.

중국을 거쳐 전래된 북방불교에 비해 남방불교가 특히 도드라지는 점은 수행과 계율, 승려들의 복색에 관련된 것이었다. 신라 승 혜초慧超가 인도대륙을 순례한 뒤 남긴 『왕오천축국전往五天竺國傳』이 육당 최남선의 번역으로 국내에 전해진 것은 1943년 무렵이었다. 그 이전까지만 해도 중국을 경유해 전해진 북방불교만을 접하고 한국불교의 전통에 익숙했던 자운이 받은 충격은 매우 컸다.

이때부터 자운은 틈나는 대로 동남아 불교국가를 순례하며 그 의식과 전통을 한국불교에 접목시킬 방법을 모색했다. 하지만 많은 도반이나 학인들은 자운의 의견에 소극적인 반응을 보였다.

북방불교 특히 한국불교의 전통을 지켜야 한다는 게 그들의 생각이었다.

"과거엔 우리가 동남아시아를 쉽게 오갈 수 없어 부처님 당시의 계율이나 전통을 직접 알 수 없었지만 지금은 사정이 다르지 않는가? 한국불교도 이제 세계 불교의 흐름을 알고 올바른 길로 가야지."

"스님의 말씀에도 일리는 있지만 저는 한국불교만의 전통을 지키는 것도 중요하다고 봅니다⋯⋯."

이런 식의 반응이었다.

자운은 스리랑카 외에도 태국, 미얀마, 인도 등 남방불교 국가를 두루 탐방했다. 그럴 때마다 여러 학자나 스님들이 수행하며 좀 더 편하고 알찬 여행이 되도록 도움을 주었다. 이를테면 영어를 썩 잘했던 홍교 거사를 비롯해 김철 박사, 그리고 거해, 일각, 현호, 무진장, 혜정 등도 자운의 여행에 동참하여 안내를 맡거나 여러 가지 일정관리, 통역 등을 맡아 주었다.

자운은 남방의 불교국가를 찾을 때마다 그냥 겉으로만 둘러보는 게 아니라 그곳 수행자들의 수행법이나 계율문제 등을 깊이 연구했다.

언젠가 미얀마를 방문했던 자운이 시자들에게 말했다.

"난 여기서 몇 달 지내다 갈 테니 자네들 일정이 바쁘면 먼저 가게."

자운을 수행했던 일행이 깜짝 놀라며 물었다.

"네에? 여기서 몇 달이나 머무시다니 무슨 일을 하시게요?"

"중이 무슨 일을 하겠는가? 이 나라가 스리랑카처럼 원시불교의 수행 전통을 잘 간직하고 있다니 나도 그들처럼 수행을 해보려는 게야."

"하지만 여기서 지내시는 게 여간 불편하지 않으실 텐데요? 음식도 그렇고……."

"여기 스님들이나 우리들이나 다 같은 부처님 제자들인데 그런 불편함쯤은 얼마든지 받아들일 수 있네. 내 걱정 말고 각자 일정대로 움직이게."

자운은 이렇게 말한 뒤 미얀마에서 몇 달 동안 머물며 현지 스님들과 함께 지냈다. 수행할 때는 물론 시내로 나가 걸식乞食할 때도 미얀마 스님들과 똑같이 지냈는데 그러는 동안 부처님 당시의 일들을 상상하며 많은 영감을 얻을 수 있었다. 그게 처음부터 그 자신이 의도했던 수행 체험의 힘이었다. 상좌부불교권과 대승불교권의 수행 풍토가 비록 달랐지만 여러 경전에서 묘사되고 있는 부처님과 1,250명 상수제자들의 하루 일과도 이와 같았으려니 싶었고, 그럴 때마다 자운 스스로 부처님 당시의 비구 중 한 사람이 된 기분이었다.

자운은 이처럼 남방의 불교국가들을 순례하고 직접 수행을 체험하면서 부처님 당시처럼 살아보겠다는 의지를 더욱 다져나갔다. 또 남방에서 발행되는 계율 관계 자료를 수집해 와서 제자들에게 번역하거나 연구시키기도 했다.

자운은 남방불교의 탑에도 관심이 많아 직접 보로부두르 대탑의 가장 높은 곳까지 걸어 올라가며 건축물의 구조와 기법 등을 주의 깊게 관찰했다. 또 태국을 방문했을 때는 그곳 스님을 따라 맨발로 거리에서 탁발을 한 적도 있었다.

그가 남방 승려들의 생활을 몸소 체험하던 중 갈등에 빠진 적도 있었다. 이를테면 스님들이 공양 때가 되어 거리에서 탁발하는 게 부처님 당시부터의 전통일 것이라 여기면서도 신도들이나 승려들이 육식을 공양하는 모습에 대해선 명쾌한 결론을 내리지 못했다. 그 자신 출가 전부터 육식이라곤 입에 대지 않았고 청정 율사로서 위의를 지켜왔으니 남방 승려들의 식생활이 눈에 거슬렸던 것이다.

하루는 그를 수행했던 김철이 말했다.

"스님, 기독교인도 지역과 나라마다 풍습이 다른 것처럼 스님들도 각국의 환경에 따라 풍습이 다릅니다. 제가 봤더니 북방의 몽골이나 남방의 수많은 불교국가 스님들은 담배도 피우고 거리낌 없이 육식을 하더군요."

"허허, 육식을 해?"

자운은 며칠 동안 그런 문제에 대해 입을 다물었다. 그 자신, 정체성의 혼란을 느꼈기 때문이다. 자운은 며칠이나 깊이 번민하던 끝에 나름대로 입장을 정리한 뒤 김철에게 물었다.

"그 사람들이 육식을 하는 건 풍습이겠지?"

"그렇습니다, 스님."

"아무튼 남방 불교국가의 훌륭한 점은 받아들이는 게 좋겠지만 술, 담배와 육식을 하는 건 한국의 승가에서 용납되지 않는 일이야."

자운은 남방 불교국가들뿐만 아니라 미국과 유럽도 두루 돌아보았다. 첫 번째 해외여행 이후 세계 각국의 문물을 두루 익히고 안목을 넓히는 게 한국불교의 발전에 크게 기여하는 일임을 절감했기 때문에 해외여행을 자주 갔던 것이다. 이럴 때의 자운은 모든 일을 동행한 후학들에게 맡기는 편이었다. 평소에 신도들에게 보시 받은 돈을 아껴 모았다가 여행할 때는 현호, 김철 등에게 모두 맡기고 알아서 스케줄을 짜게 하는 식이었다.

그의 해외여행이 단순히 이국의 문물을 접하는 차원을 벗어나 한국불교를 개혁하고 발전시키는 데 있음은 다음 일화에서 잘 드러나고 있다.

한번은 자운이 시봉을 들던 혜총에게 말했다.

"혜총아, 내가 이번엔 미국을 다녀올 계획인데 같이 가려느냐?"

혜총이 따지듯이 여쭸다.

"스님, 요즘 경제가 어렵다는데 왜 다른 나라에 가서 외화를 낭

비합니까? 저는 안 갑니다."

"혜총아, 그게 아닌 것이다. 우리 중들도 우물 안 개구리처럼 살지 말고 많은 곳을 돌아다니며 견문을 넓혀야 해. 그래야 불교계를 발전시킬 수 있으니 단순히 여행이 아니라 수행이라 여기는 게 마땅하다."

이렇게 타일렀지만 혜총은 자운 스님을 따라 해외여행을 하는 것만큼은 삼갔다. 그러다가 몇 십 년이 지나 비로소 신도들과 함께 해외여행을 해보고는 자운 노스님이 일깨워 주려고 했던 점이 무엇인지를 뼈저리게 느꼈다.

자운은 해외여행 시 출가 수행자라는 신분에 맞춰 절제된 생활을 했고 또 불교를 전공하는 유학생들을 격려하는 일에도 앞장섰다. 그가 파리 루브르 박물관을 방문했을 때의 일이다.

안내를 맡았던 김철 교수가 말했다.

"스님, 이 박물관을 제대로 돌아보려면 꼬박 사흘이나 걸립니다."

"듣던 대로 대단하군. 하지만 내가 사흘이나 볼 만큼 한가하지 않아. 이 박물관에서 가장 중요하고 대표적인 작품이 뭔가?"

"그건 비너스상입니다."

"그럼 거기부터 가세."

김철은 자운의 분부대로 비너스상이 전시된 곳으로 안내했다. 자운은 그 작품을 유심히 감상한 뒤 말했다.

288

"이젠 다 봤으니 밖으로 나가세."

김철은 어리둥절했으나 그때 처음으로 자운의 단순하고도 명쾌한 율사로서의 면모를 느꼈다고 한다.

당시 파리에는 한국에서 유학 간 두 비구가 고학을 하고 있었다. 그들은 파리 외곽, 알제리 사람들이 모여 사는 서민 아파트에 세를 얻어 거주했으며 하루하루 생계를 잇는 게 버거울 정도였다.

이 말을 듣고 난 현호와 김철이 유학생들을 조금이나마 돕는게 좋겠다고 건의하자 자운이 답했다.

"암, 그래야지. 그렇게 해야지. 나부터 내겠네."

자운은 곧 비상금으로 보관하고 있던 500달러를 선뜻 내놨고 현호와 김철도 조금씩 보태 모두 1,000달러가 조금 넘는 돈을 모아 유학 중인 스님들에게 전했다.

1969년에 스리랑카를 다시 찾았던 자운은 그곳 스님들이 입던 가사 한 벌과 함께 가사를 만들 수 있는 옷감을 가지고 귀국했다. 자운이 후학인 도성道成(현재 부산 태종사 조실)에게 말했다.

"이 옷감으로 남방 스님들이 입는 가사를 한번 만들어 보게."

"그거 훌륭한 생각이십니다. 저도 전부터 남방 가사를 입어보고 싶었습니다."

도성은 곧 자운에게 받은 옷감을 편수에게 맡겨 남방 가사 열 벌을 만들었다. 그리고 인연 있는 도반들에게 한 벌씩 선물했다.

고암, 일타, 지관, 거해, 현호, 보성, 종수 등이 그 가사를 받았다. 하지만 자운과 도성, 거해 외에는 남방 가사에 별로 관심이 없었다. 하루는 도성이 남방 가사를 입고 다니다 성철과 마주쳤다. 성철이 눈을 크게 뜨고 물었다.

"니, 그기 무슨 옷이고?"

"이게 남방의 스님들이 입는 가사입니다. 그 사람들은 부처님 재세시의 계율과 문화, 전통을 고스란히 계승하고 있는데 이 가사도 마찬가지랍니다. 그러니까 부처님도 이렇게 생긴 가사를 입었다는 말씀입니다."

"벨 일도 다 본다. 보기 싫으니 얼른 벗어라."

성철이 눈을 찌푸리자 도성도 물러서지 않았다.

"스님, 저도 첨엔 내키지 않았는데 막상 입어보니 참 편하고 좋습니다. 그리고 옛날에야 우리 스님네들이 동남아시아 불교국가를 가볼 수 없어 이런 옷을 몰랐지만 지금이야 문물이 원활히 소통되고 있는데 부처님이 입으신 가사대로 복색을 맞추는 게 옳지 않습니까?"

하지만 성철을 비롯해 대다수 스님들은 그런 말에 동의하지 않았다. 한국 스님의 승복이야말로 자운의 눈물겨운 노력으로 통일된 것인데 자운 스스로 그런 규율을 깬 것은 실로 모순이었다. 많은 스님들이 그걸 따졌다.

"스님은 보조국사의 괴색 가사로 우리나라 스님들의 복색을 재현하고 통일하신 분인데 어찌 남방 가사를 입으십니까?"

자운이 답했다.

"이 가사야말로 부처님을 비롯해 당시 수행자들이 입던 전통적인 옷이라 이걸 입고 있으면 마음가짐이 달라진다네. 내가 이런 주장을 하는 것은 이제 우리 한국불교도 세계적인 추세를 알고 부처님 당시의 율법을 지켜야 한다는 소신 때문일세. 하지만 자네들에게 이 옷을 입으라고 억지로 강요하지는 않을 것이니 지금처럼 괴색 가사를 수하게."

이 말처럼 자운은 평소에 남방 가사를 수했으나 그걸 다른 수행자들에게 강요하진 않았다. 심지어 그의 은법상좌나 손상좌에게도 마찬가지였다. 다만 남방 불교국가를 여행하고 수행자로서 직접 체험을 해봤던 터라 그들의 계율에 개방적인 안목을 가지게 된 것이다.

자운은 남방 불교국가를 여행하면서 가사와 계율뿐 아니라 사찰 운영에 대해서도 많은 영향을 받았다. 예를 들면 미얀마의 한 사찰을 방문했을 땐 그 사찰 부지 안에 유치원, 학교, 병원 등 여러 시설이 모두 갖춰진 것을 보고는 크게 놀랐다. 그래서 귀국한 뒤 성철을 만나 그런 문제를 상의했다.

"우리도 유치원 때부터 대학교육, 그리고 병들어 죽을 때까지 한 사찰에서 모든 걸 도맡는 불교 공동체를 만들면 어떻겠나?"

"그런 거 만들면 정말 좋겠다. 스님이 한번 만들어 봐라."

평생 도반이던 성철이 찬성하자 자운은 경기도 용인에 3만 5천 명이 거주하는 불교 공동체를 만들겠다는 구상을 하게 되었다. 하지만 이 계획은 자금 등 여러 가지 사정상 실현되지 못했다.

1973년, 통도사에서는 효봉 선사의 상좌였던 일각—覺의 주도로 특별한 행사가 열렸다. 그것은 바로 태국의 스님들을 초청해 수계식을 연 것이었다. 이때 일타, 도성 등 여러 비구들이 태국식 수계를 받았는데 이 일은 당시 조계종단을 시끄럽게 만들었다. 한쪽은 이제 개방적인 자세로 남방불교를 도입할 때가 되었다고 주장한 반면 다른 한쪽은 북방불교 특히 한국만의 전통적인 불교 수행에 충실해야 한다는 주장이었다.

남방의 가사를 수하고 다녔던 자운은 당시 이 행사에 관여하지 않았으나 남방 스님들의 식생활 등에 대해선 문제의식을 가지고 있었다. 자운의 신념은 남방불교에 개방적이되 수행법이나 계율에 대해선 경전에 충실하자는 것이었다.

"내가 보니 한국불교가 가장 순수하여 자랑스러우니 젊은 후학들은 자부심을 가지고 계율 정신을 바탕으로 부지런히 수행하라."

대동
염불회와
만선염불원

1973년 어느 날, 정릉 보국사寶國寺에 머물고 있던 자운에게 손상좌 태원이 찾아와 삼배를 올렸다. 보국사는 자운 율사와 대동염불회大同念佛會가 1967년에 창건한 사찰로 창건 시부터 지금까지도 저녁예불 후 아미타경을 독송하고 있다. 일반적으로 나라를 지킨다는 뜻의 지킬 보保자를 쓰는 절들이 많지만 이 절은 '보배스러운 나라'인 극락세계를 가리킨다는 뜻에서 보배 보寶자를 쓰고 있다.

대동염불회는 홍인표, 동초이정 거사가 주동하여 자운 대율사를 지도법사로 모시고 조직한 신행단체로 하루 10만 번의 칭명염불 결사를 했다. 초기엔 서울 삼청동 칠보사를 중심으로 활동했으며 홍인표, 동초이정, 황봉, 칠보화, 이도덕화, 황법신운 등 20명의 청신사, 청신녀들로 구성되었다.

그러던 중 독립적인 공간에서 염불 수행할 필요를 느끼고 대동염불회 명의로 1967년 8월 1일 오영희로부터 주택 건물을 당시 148만 원에 매입한 뒤 자운 율사를 창건주로 하여 보국사라는 사찰로 창건했다.

자운은 서울에 일이 있으면 대체로 보국사에 머물며 제자들의 시봉을 받았다. 그러던 어느 날 동국대학교에 다니던 태원이 찾아간 것이었다.

자운이 물었다.

"너 요즘 학교 잘 다니고 있느냐?"

태원이 솔직히 답했다.

"사실은 그 문제로 찾아왔습니다. 제가 종비생(조계종단 장학승)으로 뽑혀 등록금을 1만 6천 원만 내면 되는데 7천 원이 부족해서……."

제자의 사연을 듣고 난 자운이 안타까워했다.

"그런 일이 있었구나."

자운은 책상 서랍을 열어 봉투를 꺼내들었다. 거기엔 작은 암자 하나를 지으려고 모아두었던 돈이 들어 있었는데 그 중 태원이 필요한 7천 원을 선뜻 꺼내 주었다.

"이거 불사하려고 모아둔 돈인데 중이 공부를 하는 것도 큰 불사이니 등록금에 보태거라."

태원은 덕분에 동국대학교를 졸업했으며 몇 해 지나서는 일본 유학을 준비했다. 그 무렵, 보국사 주지 자리가 공석으로 남았는데 노스님 자운과 은사 스님 지관은 태원으로 하여금 그 자리를 맡을 것을 권했다. 태원은 일본 유학을 준비 중이라며 여러 번 사양했지만 어른 스님들의 거듭된 권유를 물리칠 수 없어 결국 보국사 주지를 맡았다. '노스님은 평생 계율을 연구하셨고 그 정신을 알리기 위해 불철주야 노력하시는데 내가 내 공부만 하겠다며 내 입장을 고집해서야 되겠는가?'라고 생각한 태원이 말씀드렸다.

"노스님, 그럼 꼭 3년만 보국사에서 살겠습니다."

"오냐. 내 말을 들어주어 고맙구나."

당시 자운은 부산 감로사, 해인사 홍제암, 서울 보국사 등을 오가며 후학 양성에 전념하고 있었으며 혜총, 종성, 태원 등 여러 제자들이 그를 수행하거나 시봉했다. 따라서 자운이 서울 보국사에 머물 땐 새로 주지가 된 태원이 시봉했다.

그 무렵의 보국사는 법당 겸 한옥 한 채와 문간채 한 동으로 이뤄졌는데 그나마 여기저기 낡고 헐어 손볼 곳이 한두 군데가 아니었다. 하루는 태원이 노스님께 건의했다.

"노스님, 이곳 보국사 도량의 건물이 좁고 낡아 법당을 새로 짓고 전체적인 보수가 필요할 것 같습니다. 제가 그 일을 맡아보겠습니다."

"그렇게 해라. 나도 전부터 그 생각을 했다만 여기저기 법문할 곳이 많아 불사를 시작하지 못했다."

이렇게 자운의 허락을 받은 태원은 먼저 법당 건물을 신축하기로 했다. 그러나 주지를 처음 맡아서 시작하는 일이라 여간 어렵지 않았다. 그런 사정을 잘 알고 있던 자운이 모아 두었던 500만 원을 내놓으며 용기를 북돋아주었다.

"태원아, 돈이 있을 때보다 없는 가운데 불사를 벌이는 공덕이 훨씬 큰 법이니 한번 열심히 해보아라. 이 돈은 불사하는 데 보태도록 해."

이때 태원은 가슴 깊이 감동했을 뿐만 아니라 노스님의 격려에 큰 용기를 얻을 수 있었다. 그는 1978년 겨울에 보국사에 주지로 임하면서 이듬해인 1979년 봄 자운의 뜻을 받들어 지하 20평, 1층 30평 규모의 법당 공사를 원만히 마칠 수 있었다. 그 뒤에도 노스님이 거주하시는 방이 불편한 것을 보고 1982년에는 112평 크기의 요사채를 신축했다. 그리고 보국사 발전에 큰 지장을 주고 있는 도량 내부의 4m 도시계획선을 8여 년의 노력 끝에 1987년에 변경하여 대체 도로를 건설하였다. 이후 1992년에는 법당 옆에 있는 일반 주택이 염불을 하는 데 지장을 주는 점을 감안해 건평 50평짜리 연와조 건물을 매입하였다. 1994년에는 법당 앞 114평의 대지를 매입해 보국사 주차장으로 사용할 수 있게 했으며 2003년에는 임야 99평을 매입하여 사찰의 면모를 새롭게 갖췄다. 이는 모두 자운 노스님의 후광 아래에서 비롯된 일이라고 태원은 회고하고 있다.

태원이 요사채 불사를 구상하고 있을 때였다. 하루는 검찰 계통에서 일하던 한 신도가 찾아와 다급하게 부탁했다.

"스님, 제 딸이 지금 사경을 헤매고 있습니다. 제발 살려 주십시오."

그때 자운과 태원은 그 신도의 이야길 자세히 듣고는 죽어 가는 사람을 어떻게든 살려 내겠다는 일념으로 기도를 시작했다. 그 기도가 어찌나 깊고 간절했는지, 죽어가던 여학생이 위급한 고비를 넘기는가 싶더니 하루가 다르게 건강을 회복하고는 병석에서 일어났다.

"스님들 기도 덕분에 제 딸이 살아났습니다. 제가 무슨 일이든 돕겠으니 필요한 게 있으면 말씀해 주십시오."

딸을 살려 달라며 매달렸던 신도가 고마워하며 보시할 뜻을 밝히자 태원은 마침 잘 되었다 싶어 요사채 이야기를 꺼냈다.

"지금 보시다시피 요사채가 낡아 다시 지으려고 합니다만 공사비가 3천만 원 정도 부족해 곤란을 겪고 있습니다."

"그 정도라면 문제없습니다. 제가 조만간 그 돈을 입금해 드릴 테니 안심하고 공사를 시작하십시오."

태원은 그 말을 철석같이 믿고 공사를 계속 진행했다. 그 결과 1982년에는 모두 112평 규모의 건물이 신축되었다.

그러나 건물을 준공할 때까지도 그 신도는 돈을 시주하기는커녕 연락마저 끊어졌다. 그의 말만 믿고 공사를 시작했던 태원은 3천만 원이란 빚을 고스란히 떠안게 되었다. 태원은 거짓 약속을 했던 그 신도가 좀 원망스러웠다. 그러자 그 마음을 알아차린 자운이 타일렀다.

"애야, 그 단월이 3천만 원을 시주하겠노라 약속한 덕택에 네가 희망을 갖고 불사를 추진했던 게 아니냐. 그러니 오히려 고맙게 여길 일이지 원망하면 출가 사문의 자세가 아니다."

태원은 노스님의 가르침을 받고 가슴 깊이 느끼는 바가 있었다. 그래서 이후로는 남을 원망하지 않으려고 노력하게 되었다.

이와 비슷한 일화는 또 있다.

한때 자운의 또 다른 손상좌인 세민이 보국사에 머물 때였다. 세민은 당시 보국사의 돈 관리를 맡고 있었는데 하루는 돈을 맡기려 은행에 가려는 그에게 자운이 타일렀다.

"너 은행에 돈을 맡기려면 보통예금으로 해야 한다."

자운은 평상시에 다른 사람에게 무슨 일을 맡기면 그에 대해 일절 관여를 안 하고 자율적으로 일을 풀어 나가도록 했다. 설사 제자들이 실수를 하더라도 화를 내는 일 없이 몇 마디 타이르는 게 전부였다. 그러다 보니 제자들은 야단을 맞을 때보다 더욱 능동적으로 일을 해 나가면서도 매사에 조심하게 된다. 따라서 세민에게 정기예금이 아니라 보통예금을 이용하라고 한 말씀은 매우 드문 경우였다. 세민이 조심스럽게 여쭸다.

"저어, 노스님. 보통예금보다 정기예금을 들면 이자가 좀 더 많이 붙게 되어 절 살림에 보다 도움이 됩니다."

자운이 답했다.

"나도 그 정도는 알고 있다. 하지만 신도들의 시줏돈을 그런 식으로 늘려서는 안 되는 법이다. 그건 부처님 계율에도 어긋나는 일이야."

스승의 충고에 세민은 그만 정신이 번쩍 들었다. 과연 최고의 청정 율사다운 말씀이셨으니 어찌 그런 가르침을 어길 수 있겠는가.

하루는 세민이 계율에 대해 여쭸다.

"큰스님, 남방 국가에서는 대부분 승려들의 육식을 허용하고 있는데 우리나라에서도 그걸 어느 정도 허용하면 어떻겠습니까?"

남방 불교국가 스님들이 육식을 한다는 건 자운도 일찌감치 알고 있었다. 한때는 그 일로 고민한 적도 있었다. 그러나 자운의 원칙은 단호했다.

"내가 늘 하는 말이지만 우리 세대가 지키지 못하는 계율이라 해서 부처님 말씀을 멋대로 고치면 절대 안 된다. 후세의 제자들 중 계율을 잘 지키는 세대가 나올 수 있으니 부처님 가르침대로 전해야 하는 것이지 임의대로 고칠 생각은 결코 하지 말거라."

"큰스님 말씀 명심하겠습니다."

이 무렵, 보국사에 머물던 세민, 태원 등은 노스님의 철저한 수행 생활에 큰 영향을 받았다. 자운은 매일 새벽 2시에 일어나 고성염불을 십만 번씩 하면서 예참하였다. 그러면서도 중국의 염불 수행으로 유명한 도작道綽이나 선도善導 스님처럼 오로지 아미타불 명호 한 가지만을 부르지 않고 진언을 겸수하였다. 자운은 '아미타불 종자진언'과 '아미타불 본심미묘진언', 그리고 '무량수여래 근본다라니' 등을 하루에 108번씩 외우면서 정진하는가 하면 이 진언을 인쇄하여 불자들에게 널리 권하였다.

이처럼 자운의 염불 수행의 공덕에 대한 믿음은 분명했고 그 수행법을 인연 있는 신도들에게 전파해 나갔다. 그 결과 1960년대 후반부터 대동염불회가 정릉 보국사를 중심으로 염불 수행에 매진한 것처럼 대구에서도 염불회가 조직되었다.

1960년대 초반 무렵, 해인사 주지로 있던 자운은 한 달에 한 번 정도 대구에 들러 여러 신도들에게 법문을 했다. 그러고는 방문 했던 신도의 집에서 하룻밤 머물고는 새벽 일찍 일어나 슬그머니 해인사로 떠나곤 했다. 신도들이 아침 공양이나 여비 걱정을 할까 봐 일부러 그렇게 했던 것이다.

그런 일에 감동한 신도들이 돈을 모아 주택을 사들여 염불을 전문으로 수행하는 백련염불원白蓮念佛院을 만들었다. 백련염불원은 그 뒤 장소를 바꿔 만선염불원萬善念佛院이란 이름으로 다시 개원했다. 만선염불원은 여여성 보살이 자운의 아미타불에 대한 법문을 듣고 크게 발심해 만든 염불당이었다.

자운은 대구시 산격동에 마련된 만선염불원을 수시로 방문해 염불원 회원들 약 50여 명을 대상으로 법문을 해 주고는 했다. 이 무렵엔 여여성, 일심행, 대승심 등 여러 보살들이 주축이 되어 신행활동을 했는데 '나무아미타불'을 하루에 3만 독 이상 염하는 등 독실한 신행으로 자운의 가르침을 실천했다.

이부승
제도와
단일계단
정착

삼각산 서쪽 기슭에 자리 잡은 진관사津寬寺는 고려 현종이 왕위에 오르기 전 자신의 목숨을 구해준 진관 조사의 은혜에 보답하고자 창건한 사찰로 조선시대에는 수륙재水陸齋의 근본 도량이었다. 수륙재란 물과 육지에서 헤매는 외로운 영혼과 아귀를 위로하기 위해 불법을 강설하고 음식을 베푸는 의식이다. 주로 진관사에서 조상의 명복을 빌고, 나랏일로 죽었어도 제사조차 받지 못하는 굶주린 영혼을 위해 재를 올렸다.

1908년에는 송암松庵, 1910년에는 경운慶雲 선사 등의 대대적인 중창불사를 통해 진관사에 많은 전각이 세워지거나 보수되었다. 하지만 1950년 6·25전쟁이 일어나면서 진관사 도량은 나한전 등 3동만이 남고 모두 소실되는 막대한 피해를 입었다. 그 후 1963년, 비구니 진관眞觀(2016년 열반)이 자운의 주선으로 진관사 주지로 부임하여 폐허의 진관사를 중창하기로 발원하고 대웅전 신축, 삼존불 조성 등 불사를 차근차근 진행해 오늘날 진관사의 기틀을 다졌다.

자운은 정릉 보국사에 머물 때면 틈을 내어 진관사로 찾아가 법문하거나 비구니들에게 계율에 관한 내용을 지도했다. 60년대 후반 무렵엔 정릉 보국사가 완성되기 전이라 진관사에서 3~4일 이나 일주일 정도씩 머물며 후학 양성에 매진했다. 현재 주지인 비구니 계호도 그중의 한명이었다. 계호는 1967년 진관 스님을 은사로 출가해 사미니계를 수지하고 강원도 보광사 주지, 운문승가대학 강사, 전국비구니회 수석 운영위원장 등 여러 중책을 역임했다.

진관사에서 전국의 비구니 스님을 대상으로 하는 '자비도량참법' 법회를 연 것도 자운의 지도로 이뤄진 일이다. 자비도량참법은 중국 양 무제가 죽은 황후 치씨의 천도를 위해 지공誌公 등 여러 고승들에게 의뢰해 만든 참회법인데 고려대장경에도 그 내용이 수록될 만큼 최고의 참회기도서로 전해져 왔다. 자운은 일찍이 운허용하耘虛龍夏에게 이 책의 번역을 의뢰해 1978년에 완간하여 널리 보급했다.

자운이 진관사에서 자비도량참법 법회를 열 때면 인홍, 법희, 불필, 명성, 묘엄 등 출중한 비구니 스님들이 많이 참여해 법문에 귀를 기울이고는 했다. 어느 때는 7일 7야에 걸쳐 자비도량참법 기도를 했는데, 이때의 법회를 계기로 자비도량참법이 전국에 전파되었다.

진관사의 독특한 전통으로 전해졌던 수륙대재를 복원한 것도 자운의 역할이 컸다.

1975년 무렵이었다. 하루는 진관사를 방문한 자운이 주지 진관에게 물었다.

"내가 전부터 발원한 일이 있는데 스님이 들어주겠는가?"

"무슨 발원을 하셨는데요?"

"여기 진관사가 조선시대부터 수륙대재를 주관하던 도량으로 유명하지 않은가?"

"소승도 그리 알고 있습니다만……."

"수륙대재는 불교에서 가장 중요한 행사라 할 수 있는데, 내가 전부터 무슨 원력을 세웠는가 하면, 경전에 그려진 모습대로 수륙대재 법회를 봉행해보는 것일세. 그런데 수륙대재를 재현하려면 역사와 전통을 간직한 진관사가 제격이니 이번에 스님이 한번 힘써 보는 게 어떤가 싶군."

진관은 자운의 말이 끝나자 선뜻 답했다.

"그렇습니까? 그럼 소승이 법회 준비를 할 것이니 스님께선 아무 염려 마십시오."

"고맙네."

그때부터 진관은 2년에 걸쳐 수륙대재법회 준비를 했다. 법회 준비치고는 비교적 오랜 시간이 걸린 것은 수륙대재법회에 쓸 25단짜리 탱화를 완성하기 위해서였다. 탱화를 비롯한 법회 준비가 끝난 뒤 자운은 마침내 수륙대재법회를 주관하였다. 이때 석주,

영암, 탄허, 관응, 향곡, 월산, 성철 등 당대의 고승들을 3사 7증으로 초빙한 가운데 여법하게 수륙대재법회를 봉행했으니, 1977년의 일이었다. 그 법회를 계기로 진관 스님에 이어 새 주지가 된 계호는 '수륙대재보존회'를 조직했고 이 보존회는 2013년에 중요무형문화재 126호로 지정되었다. 현재 진관사에서는 해마다 49일 동안의 '국행수륙대재'가 봉행되고 있다.

한편 계호뿐만 아니라 전국의 명망 높은 비구니들은 자운을 부처님처럼 받들었는데 여기엔 각별한 이유가 있었다. 자운 자신이 계율에 엄격해서 그 자체로 존경을 받기도 했지만 다른 측면에선 비구니들의 인격을 존중하고 제대로 대접 받을 수 있게 제도화해 주었기 때문이다. 가장 대표적인 예로 이부승제二部僧制를 복원한 것을 예로 들 수 있다.

이부승제가 복원되기 전만 해도 사미니는 사미들이 비구계를 받는 자리에서 사미니계를 받았다. 자운은 계율을 연구하는 과정에서 이런 국내의 전통이 잘못되었음을 발견하고 수계 제도를 율장대로 정비하려는 뜻이 있었다. 그 결과가 이부승제 복원이었다.

이부승제란 비구니가 비구니 계단(별소)에서 계를 받고 그날 즉시 비구 계단(본소)에서 다시 계를 받는 절차를 가리킨다. 율장에 명기된 제도이며 비구니가 반드시 지켜야 할 절차이지만 중국이나 한국에선 이에 대한 기록이 없었다. 그러다가 1982년 범어사 수계산림법회 때 시행된 식차마나 수계식에서 이부승 수계 제도가 자운의 주도로 처음 시행되었다.

그 후 1986년 9월 2일부터 5일까지 범어사에서 거행된 제7회 단일계단 수계산림 때는 한국불교 유사 이래 처음으로 공식적인 이부승 수계식이 시행되었다.

이부승 수계 제도의 절차를 보면 비구니가 비구에게 종속되었다는 느낌을 받게 되지만 오히려 이 제도가 시행된 이후로 비구니 승단은 독립적인 교단으로 인정받았다. 그런 까닭에 율장을 연구하여 이 제도를 복원한 자운 율사는 비구니들의 더욱 깊은 존경을 받게 되었다.

한편 이부승 수계 제도가 시행되기 전 승단의 수계 제도에는 큰 변화가 있었다. 그것은 바로 단일계단單─戒壇이 성립되었다는 점이다. 단일계단은 말 그대로 지방의 각 본사별로 개개 율사들에 의해 개설되었던 수계산림법회를 종단 차원의 전국적인 단일 수계법회로 시행하게 된 것을 말한다.

1980년 10월 27일, 전두환 군부 정권이 불교계를 탄압하고 길들이기 위해 일으킨 10·27법난에 따라 당시 송월주 총무원장을 비롯한 주요 간부들이 연행되었고 당연히 총무원의 기능은 정지됐다. 그 뒤 11월 3일 임시 중앙종회에서는 기존의 중앙종회 해체를 의결하고 정화중흥회의라는 이름의 비상종단을 발족시켰다.

이 정화중흥회의에서 계율을 담당한 법혜法慧가 자운 율사를 위시해 전국의 원로 중진 스님들을 모두 찾아다니며 청정승단의 진로에 대해 고견을 물었다. 법혜는 당시 부산 감로사에 주석 중이던 자운을 찾아가 부득이하게 계율을 개정하고 보완해야 할 당위성에 대해 설명했다. 이에 자운이 엄히 꾸짖었다.

"계율은 부처님께서 직접 정하신 말씀이니 어떤 시대에 따라, 수행자의 편의에 따라 고칠 문제가 절대 아니네."

"그게 아니오라……."

"듣기 싫어. 부처님 말씀을 함부로 개조하여 불법을 망치려는 시도를 나는 결코 좌시할 수 없네."

이처럼 자운은 평소에도 계율의 자구字句를 시대 흐름에 맞춰 고치는 걸 매우 경계했고 이를 후학들에게 엄히 타일렀다. 설령 불가피하게 계율을 어길지언정 부처님의 말씀을 함부로 바꾸지 말라는 가르침이었다. 그런 원칙을 지켜야 불교가 살아날 수 있다고 했다.

결국 법혜는 계율을 개정하겠다는 뜻을 접고 감로사에서 물러나야만 했다.

"스님, 저는 스님께서 염려하시는 파승가破僧伽의 악법을 만들려는 게 아닙니다. 오히려 스님께서 기뻐하실 화합승가의 청정율법을 구상하고 있습니다."

법혜가 이렇게 약속드리고 감로사를 떠나려 하자 일주문까지 따라 나간 자운이 한마디 더 일렀다.

"여보게. 불법을 훼손하면 그 과보가 매우 크니 꼭 명심하게."

이와 같은 당부를 받고 난 법혜 등 정화중흥회의 기획위원들이 나중에 성문화한 계율관련법이 '단일계단법'이었다. 자운은 이 법안의 내용을 확인한 뒤에야 비로소 안심하면서 법안 시행에 대해 많은 지침을 내렸다. 결국 자운과 일타의 승인에 따라 단일계단이 성립하였다.

그 뒤 1981년 2월 17일, 초대 단일계단 전계사로 추대된 자운의 지도하에 제1회 단일계단 수계산림이 통도사에서 열렸다. 그리고 이때부터 단일계단 수계산림이 매년 개최되어 조계종도의 의식儀式과 의제衣制의 통일이 이뤄졌다. 단일계단 시행은 승단의 기초가 지금처럼 안정되었다는 점에서 중요한 의의를 찾을 수 있다.

자운은 이후 율장을 바탕으로 이부승제 정착을 위해 비구니 계율강의 상설화 등 계단 정화에 힘을 기울였고 그 결과 자주적이고 통일된 계단이 완성되었다. 1982년 8월, 자운은 이부승제를 실시하기 직전 진관사에서 중견 비구니들을 소집해 연수 교육을 실시했다. 이때 전국에서 선발된 비구니 50여 명이 수강했다. 1985년과 1988년에도 봉녕사에서 연수교육이 실시되었는데 이때는 200여 명의 비구니가 참여했다.

자운은 조계종 규정원장(1975년), 총무원장(1976년), 재단법인 대각회 이사장(1977년) 등 종단 안팎의 요직을 두루 맡았다. 이중 규정원은 그 이전에 감찰원으로 불렸다가 명칭이 바뀐 것으로 자운은 이미 1958년에도 감찰원장으로 취임한 적이 있었다.

1978년에는 대한불교조계종 대종사 품계를 품수했으며 1981년에는 종단 단일계단의 전계화상으로 추대되었다. 그 뒤 1987년에는 동국역경원장 및 재단법인 동국역경사업진흥회 이사장으로 취임했다.

1991년 10월 30일, 부산 범어사 금강계단에서는 제12회 단일계단 수계산림법회가 거행되었다. 이때에도 전계대화상으로 추대된 자운은 법문을 마친 뒤 이렇게 덧붙였다.

"나는 금년 말이나 내년 초에 금생今生의 보년報年이 끝날 것이다. 그러니 오늘로 종단 단일계단의 단주壇主를 고별하겠노라."

이 말을 듣고 좌중은 크게 놀라며 소란스러웠다. 어느덧 그의 세수世壽 81세였고 언젠가부터 생겨난 미질微疾로 인해 행동거지가 예전과 같지 않았다. 차츰 이 세상에 작별을 고해야 할 시기가 다가왔던 것이다.

부처님
회상에서
다시
만나자

1992년 2월 7일(음 1월 4일), 부산 감로사 주지 혜총은 새벽부터 분주했다. 49재를 포함해 제사가 네 개나 예정되어 있었기 때문이다. 오전 10시경, 혜총이 막 법당으로 올라가려는데 전화벨이 울렸다. 자운 스님의 방으로부터 온 인터폰이었다.

"혜총아, 법당에 올라가는 길에 나를 좀 보고 가거라."

혜총은 그날 예정되었던 많은 행사로 마음이 바빴지만 노스님의 분부를 따랐다.

그때 큰스님의 방에는 시봉을 들던 몇몇 도반들이 앉아 있었다. 큰스님의 노환이 심해지고 있다는 소식을 듣고 효광曉光을 비롯해 효심 깊은 후학들이 시봉을 들던 중이었다. 효광은 자운의 말년에 4년 동안 몸 시봉을 하던 손상좌였다.

혜총은 큰스님께 용건을 여쭸다.

"큰스님, 오늘 제사가 네 개나 있어 무척 바쁩니다. 무슨 일이신지요?"

자운은 대답을 하는 대신 혜총을 물끄러미 바라보았다. 노스님을 40년이나 시봉하는 동안 그런 모습을 처음 보게 된 혜총은 당황했다.

"아니 큰스님, 무슨 일이세요?"

혜총이 묻자 자운은 비로소 뜬금없이 물었다.

"나 오늘 가도 되겠니?"

혜총은 노스님이 그날 해인사 홍제암으로 가실 예정이란 걸 알고 있었다. 감로사에서 설을 쇤 뒤 해인사로 옮겨 대중들의 세배를 받는 게 큰스님의 일정이었기 때문이다. 노스님께 긴급한 용건이라도 있으신지 긴장했던 혜총은 안도의 한숨을 내쉬고는 일부러 목청을 높여 대꾸했다.

"아이고, 큰스님도 참……. 큰스님이 가시고 싶으면 가시는 거지 언젠 제 허락 받고 다니셨어요? 큰스님 맘대로 하세요. 전 바빠서 이만 법당으로 가겠습니다. 제가 내려올 때까지 편히 쉬고 계세요."

그럼에도 자운은 기어이 용건을 밝혔다.

"혜총아, 내가 전부터 해인사로 가려고 했으나 선방 스님네들은 해제가 얼마 남지 않아 바쁘고, 주지스님은 기도하느라 바쁘고, 신도들은 기도하러 다니느라 바쁜데 나까지 바쁘게 해서야 되겠느냐? 그래서 네 생각은 어떤지 물어본 것이다."

"큰스님. 선방 스님이든, 주지 스님이든, 신도들이든 다 자기들 소임 때문에 바쁜 것인데 그걸 왜 큰스님이 걱정하십니까? 아무튼 저는 법당 일이 바쁘니 다녀오겠습니다."

혜총은 그렇게 답하고 법당으로 가 그날 예정되었던 법회와 제사, 법문까지 마쳤다. 법당에 걸린 벽시계를 보니 오후 2시가 넘은 때였다. 뒤늦게 허기가 들었다. 공양간은 휑했다. 식탁보를 열자 차려 놓은 지 몇 시간쯤 지났을 반찬들이 그를 기다리고 있었다. 공양주 보살이 재빨리 따뜻한 밥과 국을 떠와 그 상 위에 올려놓았다. 기진맥진한 그가 합장한 뒤 마음속으로 공양게를 올리고 수저를 들 때였다. 공양간 한쪽에 놓인 전화벨이 울렸다. 속가로 치면 사촌형제에 해당하는 세민世敏의 목소리가 전해졌다.

본래 자운은 보경寶瓊, 지관智冠 등 아홉 명의 상좌를 두었는데 혜총은 보경의 상좌이고 세민은 지관의 상좌이니 똑같이 자운의 문도이며 사형사제師兄師弟 사이였다.

"큰스님이 위독하시다더니 지금은 어떠신가?"

혜총은 세민의 질문이 뜬금없었다. 불과 네 시간 전, 법당에 오르기 전에 뵐 때만 해도 아무렇지도 않으셨는데 이게 무슨 소린가 싶었다.

"오전에 뵐 때는 아무렇지도 않으셨는데 무슨 말인지 모르겠군. 내가 이제야 점심 공양 중이니 조금 있다 큰스님 환후를 살피고 연락해 줌세."

혜총은 급히 식사를 마치고 다시 자운 스님 방으로 들어갔다. 그때 자운은 편안한 모습으로 잠들어 있었다. 아무리 보아도 위급한 상태는 아닌 듯했다.

"오전에 큰스님께 무슨 일이 있었습니까?"

혜총이 효광에게 물었다.

"사시공양 때 한 수저도 못 드시기에……."

효광이 자초지종을 말했다. 그 무렵, 자운의 식사는 무채를 자작하게 끓여서 만든 무나물을 반찬 겸 국으로 삼아 밥을 몇 수저 뜨는 식이었다. 그런데 그날 점심공양 때는 수저를 들다가 도로 내려놓고는 그런 소찬마저 물리게 했다. 그런 모습을 지켜본 시자들은 가슴이 덜컥 내려앉았고, 급히 각지의 문도들에게 전화를 해 그 위급함을 알렸다는 것이다.

혜총은 비로소 자세한 내막을 알고는 부디 노스님이 무탈하시길 바랄 뿐이었다. 하지만 오전 중, 노스님이 위급하다는 소식을 듣게 된 각지의 스님들 40여 명이 그날 오후 감로사에 모였다. 그런데 위급하다는 자운 노스님이 평소와 다름없이 평안한 모습으로 일일이 인사를 받고 안부도 묻자 저마다 안심하는 표정이었다. 그래서 그날 저녁 공양을 마치고는 약 질반 정도는 각자의 거처로 돌아갔고 20여 명 정도만 감로사에 남게 되었다.

어두컴컴해질 때까지 자운의 처소에 앉아 있던 제자들 중 지관智冠이 가장 피곤한 기색을 보이자 그의 조카상좌인 혜총이 권했다.

"스님, 제 방에 가서 잠시라도 눈 좀 붙이십시오."

참고 있던 지관은 겨우 자리에서 일어나 자운에게 인사를 건넸다.

"은사 스님, 잠깐 쉬었다가 오겠습니다."

이때 자운은 아미타불 종자 진언으로 답했다.

"그렇게 해. 옴 바즈라 다르마 흐릭."

자운은 그렇게 상좌를 쉬도록 해준 다음 평소처럼 진언을 반복해서 외우기 시작했다. 그때 큰스님의 입술이 마른 듯하자 손상좌 효광이 수저로 물을 떠 몇 모금 넘겨 드렸다. 그러자 자운은 기운이 나는 듯 아미타불 종자 진언을 더욱 크게 외웠다.

"옴 바즈라 다르마 흐릭."

바로 그때 혜총에게 전광석화처럼 스치는 생각이 있었다.

반년 전의 어느 날이었다. 자운 스님이 말씀하셨다.

"혜총아, 내가 이제 몇 달 못 살 것 같구나."

"큰스님, 왜 그런 말씀을 하세요? 어디 편찮으세요?"

혜총이 걱정스러워하며 여쭸다.

"으응. 여기저기 아픈 데도 많고 생로병사生老病死라 했으니 때가 되면 떠나는 게 정한 이치 아니겠느냐? 그런데 내가 여기 감로사에서 머물다 떠나려는데 괜찮겠느냐?"

혜총은 스승의 말씀이 너무도 당황스럽고 서글퍼 한참이나 머뭇거렸다. 그러다가 조심스레 말씀을 올렸다.

"스님, 만약 열반을 하시게 되면 해인사 홍제암이 터도 넓고 대중들이 모이기에 편하니 그곳에서 돌아가시는 게 좋지 않겠습니까?"

"그래도 난 감로사가 좋구나."

마땅히 드릴 말씀이 없었던 혜총이 다시 답했다.

"정 그러시다면 스님 뜻대로 하셔야지요. 전 그때를 대비해서 지금부터 한 가지씩 준비를 해나가렵니다."

그때부터 혜총은 도반들과 상의해 노스님의 장례 대책을 세워나갔다. 하지만 자운은 석 달쯤 지난 뒤 자신의 뜻을 번복했다.

"혜총아, 아무래도 홍제암에서 눈을 감는 게 좋겠구나. 그러니 전에 했던 말은 모두 취소한다. 괜히 장례식 준비한다고 애쓰지 마라."

혜총이 여쭸다.

"아니 큰스님, 왜 마음을 바꾸셨습니까?"

"내가 살아 있어도 내 몸을 마음대로 할 수가 없는데 죽고 나면 오죽하겠느냐? 그러니 너도 나를 40년 시봉했다고 해서 내 몸에 대해 이러쿵저러쿵 하지 말거라. 그저 대중의 뜻대로 하여라."

노스님의 분부에 혜총은 다시 고개를 숙였다.

"큰스님, 그리하겠습니다."

그 뒤 석 달이 지난 1992년 2월 7일 아침에 홍제암으로 가도 되겠느냐고 물으셨던 것이다. 병세가 심하셔서 직접 말씀은 안 했지만 홍제암에서 열반할 것이니 옮겨 달라는 뜻임을 혜총은 그제야 깨달았다.

혜총은 곧 사숙인 지관을 비롯해 감로사에 모여든 대중에게 자신의 의중을 전했다.

"아침에 큰스님께서 오늘 홍제암으로 가도 되느냐고 물으셨는데 갑자기 병세가 위중해지셔서 그 의중을 헤아리지 못했습니다. 지금이라도 홍제암으로 모시는 게 좋겠습니다."

혜총의 제안에 여러 문도들이 동의했다.

"그렇게 합시다. 큰스님이 깊이 잠드신 사이에 어서 모시고 해인사로 갑시다."

해인사는 자운이 출가한 절이며 중창시킨 절이었다. 통도사와 범어사에도 자운이 끼친 영향이 컸지만 해인사에 남긴 족적이 가장 크고 뚜렷했다.

그날 밤 문도들은 구입한 지 며칠 안 되는 새 승합차로 큰스님을 모시기로 했다. 승용차보다는 넓고 큰 새 차로 큰스님을 모시는 게 도리라 여겼던 것이다. 승합차 한쪽 의자들을 눕혀 혜총이 맨 앞에, 지관은 중간에, 세민은 맨 뒤에 각각 앉아 스승을 부축했다. 나머지 제자들은 다섯 대의 승용차에 나눠 타고 뒤를 따랐다. 그 승용차들 중에는 상좌 지관이 스승께 선물한 '로얄 살롱'도 있었다.

자운은 늘 모든 제자들을 아끼고 자비롭게 대했는데 그 중에서도 지관에 대한 관심이 가장 깊었다. 결국 지관은 스승의 기대에 부응해 학승으로선 최고의 영예라 할 수 있는 동국대학교 총장까지 되었다. 그때 스승의 바다와 같고 하늘과 같은 은혜에 보답하려는 뜻에서 로얄 살롱 승용차를 할부로 구입해 선물해 드린 것이었다.

늘 대중교통만을 이용하던 자운은 이따금 자가용을 보시 받을 기회가 있었지만 극구 사양했었다.

"그럴 돈이 있으면 차라리 법보시를 하세요. 그 공덕이 훨씬 큽니다."

이렇게 사양했던 자운이었으나 아끼던 상좌 지관이 뒤늦게 선물한 그 승용차만큼은 기꺼이 받아들였고 즐겨 사용했다.

자운은 일상적으로 서울, 부산은 물론 전국 곳곳을 다니며 설법했으며 해인사 홍제암을 찾을 때면 어김없이 백련암에 전화해 성철에게 안부를 전했다. 그러면 성철은 득달같이 내려와 함께 어디든지 바람을 쐬러 가자며 보채곤 했다. 그럴 경우 각자의 승용차에 타고 인근 지리산 노고단에도 자주 올라가 탁 트인 산하를 내려다보며 선문답을 나누는 게 보통이었다. 자운은 그 전까지만 해도 자가용 타는 걸 사치스럽게 여겼으나 지관이 선물한 차만큼은 그렇게 아끼고 자랑스러워했다.

문도들은 지관의 분부대로 자운 큰스님이 평소에 이용하던 경부고속도로와 88고속도로 코스를 통해 해인사로 가기로 했다. 행

렬을 이뤄 고속도로를 달리던 일행은 언양휴게소에서 잠시 정차
했다.

혜총이 차에서 내리며 스승께 여쭀다. 그때까지도 자운 스님은
미동도 없이 주무실 뿐이어서 제자들은 이따금 호흡을 확인하고
는 안도의 한숨을 내쉬곤 했다.

"스님, 저희들 잠시 허기 좀 달래고 오겠습니다. 무료하시더라
도 여기 좀 계십시오."

일행은 모두 내려 휴게소에서 간식으로 저녁식사를 대신하고
다시 해인사로 출발했다. 그런데 일행이 경산요금소를 지날 때였
다. 자운이 탄 봉고차에서 불이 번쩍 비치더니 갑자기 엔진이 멈
췄다. 구입한 지 며칠 되지도 않은 새 차가 멈추자 일행은 당황
했다.

"이 차가 왜 이럴까?"

일행은 요금소 갓길에 차를 세우고 급히 인근 서비스센터로 연
락해 A/S기사를 불렀다. 얼마 후 도착한 기사가 승합차를 구석구
석 살펴보고는 말했다.

"차에 아무 이상이 없는데 왜 시동이 안 걸리는지 저도 이해가
안 됩니다."

기사의 답변을 듣고 난 지관, 혜총, 태원 등은 난감했다. 그때
A/S기사가 다시 말했다.

"스님들, 바쁘지 않으시면 여기서 기다리셨다가 날이 밝으면

322

서비스센터로 견인해 수리하는 게 좋겠습니다."

기사가 휑하니 떠나버리자 일행은 어쩔 줄을 몰랐다. 기사의 말대로 이튿날 새벽까지 기다릴 여유가 없었기 때문이다.

그때 일행 중 태원太元이 제안했다.

"큰스님이 자가용을 타고 싶으셔서 이 승합차를 멈추게 하신 것은 아닐까요? 아무튼 서둘러 홍제암으로 달려가 노스님을 편히 모시는 게 좋겠습니다."

일행은 그 말에도 일리가 있다며 고개를 끄덕였다.

"그렇게 하세. 조금 불편하시겠지만 잘 부축해서 모시고 가세."

제자들은 '로얄 살롱' 조수석 의자를 뒤로 최대한 눕히고 조심스레 옮겨 모셨다. 다시 일행이 출발하기 전이었다. 혹시나 하는 마음으로 한 사람이 봉고차의 시동을 걸어 보았다. 그런데 이게 웬일인가. A/S기사마저 포기했던 그 차는 거짓말처럼 정상적으로 작동되는 게 아닌가? 하긴 새 차가 아무 이유 없이 한 시간이나 멈춰 버린 게 오히려 이상했다. 일행은 그처럼 묘한 현상을 경험하며 마침내 해인사 경내로 들어갔다.

자운은 해인사 홍제암에 이르러서야 긴 꿈에서 깨어난 듯 눈을 뜨고는 제자들을 둘러보았다. 그때 혜총이 입을 열었다.

"큰스님, 잘 주무셨습니까? 아까 승합차에 이상이 생겨 스님 차로 옮겨 모시고 방금 전 홍제암에 도착했습니다. 이제 마음이 놓이시죠?"

자운이 고개를 두어 번 끄덕인 뒤 답했다.

"모두들 고생이 많았겠구나."

"아닙니다, 큰스님. 이제 큰절에 왔으니 편히 주무세요."

하지만 자운은 고개를 희미하게 저으며 말했다.

"아니다. 날 좀 일으켜 다오."

제자들은 순간 비장한 마음이 들어 바짝 긴장했다. 혹 유언을 남기시는가 싶어 곧 여러 장의 좌복방석을 포개어 큰스님이 기대어 편히 앉으실 수 있도록 했다.

자운은 제자들에게 일일이 눈을 맞추고는 평상시처럼 가부좌를 한 뒤 염주알을 굴리기 시작했다. 얼마 후 그는 꺼져 가는 등불이 마지막 순간에 가장 밝은 불꽃을 밝히듯 있는 힘껏 입을 열었다.

"내가 출가도 하기 전, 아주 어렸을 때 순치황제의 출가시를 들은 적이 있었다. 무슨 시인가 하면 '속가의 백년 삼만 육천 일이라 한들 승가의 반나절에 미치지 못하는구나.'라는 내용이었어. 그 시에 마음이 끌려 나 또한 출가를 결심했는데 과연 중이 되고 보니 참 잘했다는 생각이 들었다. 그런 마음으로 평생을 살았던 게야. 좀 고되긴 했지만 말이다. 내 인생은 이제 마지막에 이르렀고 가을의 갯버들처럼 쇠잔해졌구나. 청시靑枾도 오히려 홍시보다 먼저 떨어지는 경우가 적지 않으며 봄 서리가 아름다운 봄꽃을 말리어 죽이는 수도 있으니 어찌 가을 낙엽이 맑은 계곡에 떨어지는 것을 애석하다 하겠느냐. 윗사람을 부모처럼 여기고 아랫사람을 갓난아이처럼 사랑하여 상하가 육화六和정신으로 화합하고 무례한 행동이 없도록 하며 파납破衲과 철발綴鉢로 항상 사의四依 정신을 잊지 말도록 해라. 마치 머리에 붙은 불을 끄듯 부지런히 정진하고 방일하지 말며, 옳지 않은 일은 지옥의 불구덩이처럼 피하여라. 이젠 금생의 보연報緣이 다하였으니 세세생생에 부처님 회상에서 함께 만나기를 바란다. 옴 바즈라 다르마 흐릫."

자운은 평상시처럼 진언을 외우기 시작했다. 자연히 문도들도 그 진언에 운을 맞춰 한 목소리로 따라 외웠다. 그러나 어느 한순간 자운의 진언은 그쳤다. 제자들도 진언을 멈춘 채 무의식적으로 노스승을 바라보았다.

"스님, 벌써 떠나시렵니까?"

제자들이 애타게 여쭸다. 자운이 대답 대신 고개를 끄덕였다. 그러고는 마지막 진언을 외웠다.

"옴 바즈라 다르마 흐릫."

곧이어 서쪽을 향하여 합장하고 단정히 앉아 아미타불을 칭명하면서 조용히 입적하니 향기가 진동하고 묘음이 청아하였으며, 염불소리와 함께 입으로부터 다섯 가지 광명이 서쪽하늘을 가득 메웠다.

이렇게 자운 대율사는 평상시와 다름없는 자비로운 표정으로 좌탈입망坐脫立亡을 하셨다. 손상좌 효광은 도력 높은 큰스님들이 좌탈입망하셨다는 말은 여러 번 들었지만 실제로 목격한 것은 그때가 처음이었노라 회고한 바 있다.

상좌 지관의 입에서 짧은 탄식이 터져 나왔다.

"나무아미타불!"

그 임종을 지켰던 모든 제자들도 약속이나 한 듯 소리쳤다. 좌중 곳곳에서 억지로 울음을 참는 소리도 새어 나왔다.

"나무아미타불! 나무아미타불! 나무아미타불……!"

얼마 후 문도들은 대율사의 장례절차 등을 논의했다.

자운이 열반에 든 것은 그 날 밤 10시가 조금 지나서였다. 그러나 문도들은 몇 시간 더 기다렸다가 이튿날 새벽 3시가 넘어서야 성철 종정이 주석한 백련암과 해인사 큰절의 사부대중, 종단 및 인연 있는 불자들에게 알렸다. 그것은 큰스님이 해인사에 도착하기 전부터 선방 스님네와 주지, 일반 신도들을 귀찮게 하지 않겠다는 의지를 피력하신 뜻을 받들기 위해서였다. 남에게 신세를 지지 않았던 생전과 다름없이, 열반 뒤에도 그런 의지를 보여준 것이었다.

해인사 사부대중은 여느 새벽예불 때처럼 자리에서 일어난 뒤에야 자연스레 자운 대율사의 열반 소식을 접하고 오열했다.

근래에 뵙기 어려운 큰스님의 적멸은 불교계는 물론 사회적으로도 큰 반향을 일으켰다. 세수 82세, 법랍 66하夏의 자운의 다비는 열반 7일째인 양력 2월 13일, 대한불교조계종 원로장으로 치

러졌다. 그때 수만 대중이 해인사 비봉고개 서편 연화대 주변을
가득 메운 채 슬피 울며 대율사가 남긴 숭고한 가르침을 가슴 깊
이 되새겼다.

다비를 모두 마친 뒤의 자운은 은행 크기의 사리 19과와 녹두
크기의 사리 5천여 과를 세상에 남겼다. 하지만 생전에 자신의 사
리를 찾지 말라는 가르침에 따라 후학들은 큰 사리만 수습하여
이를 해인사, 감로사, 경국사에 나누어 봉안했다.

자운이 남긴 열반게는 이렇다.

眞性圓明本自空 진성은 원명하여 본래부터 공적함이여!
光照十方極淸淨 그 광명 청정하여 온 누리를 밝게 비추네!
來與淸風逍遙來 이 세상 올 적에는 청풍 따라 소요히 왔고
去隨明月自在去 마지막 떠날 때는 명월 따라 자재히 가네!

많은 후학들은 자운 대율사의 삶을 단지 이 시대의 청정율사로
만 규정하는 건 무리가 있다고 말한다. 그는 신라 때의 자장 율사
에 비견되는 계율의 스승이었으며 참된 수행의 선지식이었다. 일
제의 지배를 벗어난 혼란 속에서 큰 원력으로 한국불교를 등불처
럼 밝혔으며, 오늘날의 해인사뿐만 아니라 조계종단 진체의 초석
을 굳건히 다지는 데 절대적인 기여를 했다. 그의 올바르고 치열
했던 수행은 자연히 힘을 가지게 되어 종단의 어떤 난제들도 그

의 한마디 한마디에 따라 얽히고설킨 실타래가 풀어지듯 해결되었다.

자운은 투철한 지계 정신을 바탕으로 반듯하고 치열한 수행과 염불, 자비로운 가르침으로 한국불교를 견인한, 위대한 스승이었다.

한국불교의 바탕을 다진 자비구름

자운 큰스님이 열반하신 지 만 26년이 지났습니다. 지금도 큰스님을 추앙하며 그 가르침을 실천하고 계신 불자님들이 매우 많은 것으로 알고 있습니다. 그만큼 큰스님은 광복 이후 한국불교계에서 가장 존경받던 대율사로서 오롯하게 사시며 법을 펼치셨고 후학들을 자비롭게 이끌었던 분이기 때문입니다.

　필자는 생전의 자운 큰스님을 뵙지도 못하고 외람되게 이 책을 쓰게 되었습니다. 다만 1980년대 후반 무렵, 가까이 모시고 있던 석성우 스님(당시 월간 「현대불교」의 발행인)께 자운 큰스님 말씀을 이따금 전해 듣기는 했습니다. 석성우 스님은 자운 큰스님의 율맥을 이어받은 전계제자傳戒弟子 중 한 분이신데 틈틈이 "우리 자운 큰스님이……", "자운 노장께서……" 하시며 큰스님의 근황을 전해주시곤 했습니다. 하지만 그 무렵, 불교 언론계에 발을 들여놓은 지 얼마 안 되는 저로선 한국불교계의 어른이시며 모든 불자들의 추앙을 한 몸에 받고 계신 큰스님을 감히 찾아뵐 엄두를 내지 못했습니다.

그 뒤 오랜 세월이 흘러, 그것도 몇 사람을 거쳐 제게 자운 큰스님 일대기를 정리할 의사가 있느냐는 제의가 전해졌습니다. 한참 망설였습니다. 큰스님에 대해 잘 모르기도 하거니와 율사로서 반듯하게 사신 분이라 생애를 기승전결의 요소를 갖춘 소설처럼 정리하는 일이 쉽지 않겠다는 생각도 들었습니다. 여러 날 고민하다가 중앙승가대학교 총장을 역임한 뒤 현재 해인사 염불암 회주로 계시는 태원 스님을 뵙고는 마침내 마음을 냈습니다.

큰스님의 손상좌이신 태원 스님은 이 책을 펴내기 위해 여러 분야로 세심하게 준비를 하셨으며, 더불어 큰스님의 여러 후학들도 스승의 자비·보현행을 그대로 실천하며 그 발자취를 글과 사진 등으로 정리해 소박하게 남기려는 원력을 가지고 있다는 것을 알게 되었습니다. 그래서 저 또한 미력한 힘이나마 보태고자 했으나 큰스님께선 과연 당대의 대율사답게 당신에 대한 기록이나 사진 등을 일절 남기지 말라는 유언을 남기셨다고 합니다. 당연히 후학들이 그 말씀을 깊이 받들다 보니 큰스님이 한국불교계에 남기신 위대한 업적에 비해 일대기를 정리할 만한 관련 자료는 부족했습니다.

그런 악조건 속에서나마 큰스님을 시봉했던 여러 스님들의 증언을 채록하고 큰스님이 성장기를 보냈던 강원도 평창, 출가하여 수행하셨던 해인사, 통도사, 범어사, 감로사와 자주 방문하셨던 북한산 진관사 등 크고 작은 수행도량을 탐방하며 큰스님이 남기신 족적을 밟아보았습니다. 그 뒤 이 일대기가 어느 정도 정리될 무렵에는 자운문도회에서 펴낸 『자운대율사』가 출간되었습니다. 『자운대율사』는 큰스님을 가까이 시봉했거나 가르침을 받았던 제자들의 생생한 증언과 회고담 위주로 되어 있어 이 일대기를 구성하는 데 적지 않은 참고가 되었습니다. 다만 『자운대율사』는 큰스님과 인연 있는 분들의 증언으로 이뤄진 것에 비해 이 책은 큰스님의 출생부터 출가, 수행, 열반의 과정까지 편년체 형식으로 구성했다는 게 서로 다른 특징이라 할 수 있습니다.

큰스님은 강원도 화전민촌에서 태어났으면서도 일찍이 뜻한 바 있어 출가하셨고 출가 이후에도 남다른 기도와 수행으로 만인의 스승으로 추앙받고 계십니다. 얼마나 철저히 수행했는지 출가 직후에 올린 1만 배를 한 가지 예로 들 수 있습니다. 큰스님은 해인사로 출가하신 뒤 은사 스님의 뜻에 따라 장경각에서 1만 배를 올렸는데 그것은 웬만큼 발심한 사람들은 감히 상상도 못할 뚝심과 끈기, 신심이 있었기에 가능한 일이었습니다. 그 뒤에도 큰스님은 늘 자비롭고 이타적인 실천과 수행, 철저한 기도로 현대 한국불교계의 기본을 다지셨습니다.

오랜 가뭄 끝에 일어난 구름이 시원한 그늘을 만들어주고 단비를 뿌려주는 것처럼 자운 큰스님은 조계종의 자비로운 구름이었습니다. 이런 점에서 자운 큰스님의 철저한 기도와 커다란 원력, 정법과 계율에 의지한 지도력이 없었다면 해인사는 물론 한국불교계가 과연 지금처럼 정착하고 발전했을까 하는 마음도 들었습니다.

사실 한 위인의 삶을 한 권의 책에 담는 것은 매우 조심스럽고 어려운 일입니다. 당신에 관한 일체의 기록을 남기지 말라고 하셨던 자운 큰스님의 경우는 더욱 그러합니다. 그렇기에 이 책에서 다룬 자운 큰스님의 행장은 상좌이며 조계종총무원장을 역임했던 지관 스님이 정리하신 비문과 연보 등에 의존했습니다. 또한 증언이나 자료로 확실히 밝혀지지 않은 내용은 저자의 소설적인 상상력을 통해 재구성했습니다. 그러다 보니 큰스님을 가까이 시봉하셨던 분들의 기억이나 역사적인 사실과 비교해 큰 줄기는 같지만 사소한 부분에서는 조금씩 다른 점이 있음을 밝힙니다.

끝으로 이 일대기를 기획하셨으며 원고를 여러 차례 감수하여 완성도를 높이는 데 노고를 다하신 태원 스님과 기꺼이 인터뷰에 응해주신 전 조계종 포교원장 혜총 스님, 해인사 홍제암 종성 스님 등 여러 스님과 불자님들께 깊이 감사드립니다.

이정범

자운 대율사의 행장

지관 스님

1911.3.3	강원도 평창군 진부면 노동리 41번지에서 아버지 김자옥金玆玉 공과 어머니 인동장씨仁同張氏 부인 사이에서 팔남매 중 제 삼남이며 다섯째로 태어나다. 그 후 1950년 6·25 전쟁 이후 같은 군 같은 면 동산리로 분가하다.
1917.3.5	출생지인 진부면 서당에서 『동몽선습』을 비롯하여 사서삼경 등 유서儒書를 수학하다.
1926.1.5	정초 기도를 위해 절에 가시는 어머니를 따라 평창군 진부면 오대산 상원사에 가서 혜운경윤慧雲敬允 스님으로부터 '백천삼만육천일百年三萬六千日이 불급승가반일한不及僧家半日閒'이라는 순치황제의 출가시를 듣고 발심하여 마침내 1927년 1월 18일 출가할 것을 결심하고 상원사로 혜운 스님을 찾아갔으나 스님은 해제 즉시 합천 해인사로 떠나고 없었다. 그리하여 스님께서는 부모의 반대를 무릅쓰고 부모 몰래 해인사로 달려가서 팔만대장경판전에서 일만 배의 절을 하다.
1927.2.8	혜운慧雲 스님을 은사恩師로 하고 남전한규율사南泉翰圭律師를 계사戒師로 하여 대적광전에서 사미계를 받고 다음의 서

원게를 읊다.

"我今佛前受禁戒 아금불전수금계

十方諸佛作證明 시방제불작증명

從今已後至正覺 종금이후지정각

萬死身命終不犯 만사신명종불범"

1927. 3. 15	범어사 금강계단에서 보살계를 받다.
1929. 1. 15	해인사 강원에서 사교과를 수료하다.
1929. 7. 15	범어사 선원에서 수선안거를 시작하다.
1929. 10. 15	순천 선암사 선원에서 동안거를 하다.
1932. 1. 15	범어사 강원에서 대교과를 졸업하다.
1932. 4. 15	해인사 선원에서 하안거를 하다.
1932. 10. 15	회양 표훈사 선원에서 동안거를 하다.
1933. 4. 15	울진 불영사 선원에서 하안거 및 동안거를 하다.
1934. 3. 15	범어사 금강계단에서 일봉경념一鳳敬念 율사로부터 비구계를 받다.
1935. 4. 15	범어사 선원에서 하안거하다.
1935. 10. 15	1937년까지 3년 동안 울진 불영사에서 장좌불와로 결사하다.
1937. 4. 15	문경 김룡사 선원에서 하안거하다.
1937. 10. 15	양산 통도사 선원에서 동안거하다.
1938. 4. 15	울산 학성선원에서 하안거하다.
1938. 9. 15	서울 도봉산 망월사에서 용성대종사龍城大宗師를 찾아뵙고 서래밀지西來密旨를 거양한 다음, '청산상운보青山常運步하고 백운영부동白雲永不動이로다. 인답수저과人踏水底過한데 수불착의상水不着衣裳'이라는 오도송을 읊었다. 용성대종사께

서 이를 듣고 그 경지를 인증하여 입실건당入室建幢을 허락하고 '정전백수자庭前栢樹子가 엄연관산림儼然冠山林이로다. 신대감청색身帶紺靑色하고 엽복수미산葉覆須彌山이라는 전법게와 함께 의발을 전해 주다.

1938. 10. 15	영변 보현사 원적암에서 동안거하다.
1939. 4. 15	부터 일제강점기의 식민수탈로부터 조국의 해방과 민족정기를 되살려 민족종교인 불교의 빛나는 전통을 중흥시키려는 대원을 세우고 오대산 중대 적멸보궁에서 1일 20시간씩 백일 간 문수기도를 봉행하던 중 99일 만에 문수보살이 푸른 빛 사자를 타고 앞에 나타나 '선재라 성우盛祐여! 이 나라 불교의 승강僧綱을 회복토록 정진하라.' 하시고 계첩戒尺을 전해 주시면서 '견지금계堅持禁戒하면 불법재흥佛法再興하리라'는 감응을 받다.
1939. 10. 15	금강산 마하연에서 동안거하다.
1940. 1. 20	부터 서울시 종로구 봉익동 대각사에 있으면서 당시 희귀한 율장을 구해 볼 수 없어서 2년여에 걸쳐 삼복 염천炎天에도 두터운 무명베 장삼을 입으시고, 날마다 도시락을 준비하여 국립중앙도서관에 가서 그곳에만 소장하고 있는 국내 유일한 만속장경에 실려 있는 오부율장과 그 주소註疏를 모두 필사하여 이를 깊이 연구함으로써 오부율, 특히 사분율장 등 대·소 율장에 정통하다.
1946. 4. 10	대덕 법계를 받다.
1947. 3. 15	부터 합천 해인사 장경판전에서 계율홍포에 대한 가호를 입기 위해 백일 간 문수기도를 봉행하는 동안 여러 차례 신장의 가호를 받다.

1948. 8. 18	부터 문경 봉암사에서 7일간에 걸쳐 처음으로 보살계 수계 법회를 가지다.
1949. 3. 3	천화율원 감로계단을 설립하고 봉익동 대각사에서 한문본 범망경·사미율의·사미니율의·비구계본·비구니계본 등의 지형을 완성해 놓고 출판을 준비하던 중 1950년 6·25전쟁 으로 모두 소실되고 1951년 부산피난지인 전포동 감로사에 서 어려운 여건을 무릅쓰고 다시 준비하여 율문律文을 강의 하면서 위의 계본 다섯 가지의 도합 25,000권을 간행 배포 하다.
1953. 5. 24	양산 통도사 금강계단에서 첫 비구계 수계법회를 가졌는데 이때 비구계를 중수한 수계제자는 석암혜수昔岩慧秀·일우 종수一愚宗壽·동곡일타東谷日陀·가산지관伽山智冠 등이다.
1955. 9. 15	교단정화 이후 초대 해인사 주지에 취임하다.
1956. 2. 15	합천 해인사 금강계단 전계화상에 추대되다.
1956. 3. 24	해인사 금강계단에서 비구 및 비구니계 수계산림 법회를 가 지다.
1956. 11. 9	해인사 금강계단에서 비구 및 비구니계 산림을 가지다. 이 로부터 1981년 종단단일계단이 형성될 때까지 약 30여 년 동안에 걸쳐 전국 각 사찰 단위에서 시행한 계단에서 수계 한 비구가 1,802명, 비구니가 1,685명, 그리고 사미·사미니, 보살계, 식차마나·우바새·우바이·팔관재계 등을 받은 수 계제자가 도합 10만여 명에 달한다.
1956. 11. 11	재단법인 해인학원 이사장에 선출되다.
1957. 10. 15	까지 한글 번역본 사미율의·사미니율의·범망경·비구계 본·비구니계본 등 3회에 걸쳐 48,000권을 간행, 배포하다.

1957. 10. 24	대한불교 조계종 경남도종무원장에 선출되다.
1958. 3. 3	부터 계정일치戒淨一致 수행을 제창하고 한글본 무량수경·아미타경·십육관경·정토예경·정토법요·삼시계념불사·연종보감·연종법요·미타예참·자비도장참법 등 5만여 부를 간행, 배포하다.
1958. 10. 5	대한불교조계종 감찰원장에 취임하다.
1959. 8. 18	밀양 표충사 주지에 취임하다.
1960. 5. 8	스리랑카에서 개최한 세계불교 승가연합회에 한국대표로 참석하다.
1960. 6. 22	합천 해인사 주지에 재임하다.
1967. 2. 28	동래 범어사 주지에 취임하다.
1970. 10. 20	합천 해인사 주지에 3임되었으나, 취임하지 아니하다.
1974. 10. 29	인도 뉴델리에서 개최한 세계평화촉진회의에 한국대표로 참석하다.
1975. 12. 11	대한불교조계종 규정원장에 취임하다.
1976. 8. 5	대한불교조계종 원로에 추대되다.
1976. 12. 4	대한불교조계종 총무원장에 취임하다.
1977. 9. 10	재단법인 대각회 이사장에 취임하다.
1978. 3. 5	대한불교조계종 대종사법계를 품수하다.
1981. 3. 15	종단단일계단 전계화상으로 추대되다.
1987. 7. 9	동국역경원장에 취임하다.
1987. 12. 20	재단법인 동국역경사업진흥회 이사장에 취임하다.
1991. 10. 30	범어사 금강계단에서 종단단일계단 제12회의 수계법회를 마친 후 계단에 앉아 "나는 금년 말이나 내년 초에 금생의 보년報年이 끝날 것이므로 종단의 단일계단의 단주를 고별

한다."고 사퇴 인사를 남기다.

계유년 음력 1월 4일 22시, 해인사 홍제암에서

"眞性圓明本自空 진성원명본자공

光照十方極淸淨 광조시방극청정

來與淸風逍遙來 내여청풍소요래

去隨明月自在去 거수명월자재거"

라는 임종게를 쓰신 다음 합장하고 단정히 앉아 아미타불을
칭명하면서 조용히 입적하시니, 세수는 82세요, 법랍은 66
하夏였다. 7일째인 2월 13일 해인사 연화대에서 대한불교
조계종 원로장으로 거행하였다. 다비 후 사리 19과가 출현
하였는데, 이를 해인사·감로사·경국사에 나누어 봉안하다.

지은이 이정범

서울예술대학 문예창작과를 졸업한 뒤 우리 역사와 불교인물에 깊은 관심을 가지고 다양한 저술활동을 해왔다. 『서프라이즈 한국사』, 『어린이 삼국유사』, 『다큐 동화로 만나는 한국 근현대사』(전15권), 보조국사 지눌의 생애를 다룬 역사소설 『그대 마음이 부처라네』, 송광사 6세 원감국사 충지의 생애를 그린 『시와 소설로 만나는 원감국사』, 효봉큰스님 전기 소설 『붓다가 된 엿장수』 등 다수의 저서가 있다.

그린이 김종도

1959년 정읍 출생. 대학에서 미술을 전공하였고, 일러스트레이터로 활동하고 있다. 『겨레를 빛낸 역사인물 100인』, 『장영실』, 『주시경』, 『노벨평화상과 김대중』, 『둥그렁뎅 둥그렁뎅』, 『까치와 수수께끼놀이』, 『빌뱅이언덕 권정생 할아버지』, 『백범일지』, 『원경선』 등 수많은 책에 그림을 그렸고, 항일여성독립운동가 6인의 초상화를 제작하였다. 그 밖에 개인 창작을 통해 국내외에서 수많은 전시에 참가했으며, 민미협 등 여러 예술인 단체에서 활동하고 있다.

감수 서주 태원(西舟 太元)

해인사 강원 대교과 및 동국대학교 불교대학을 졸업하고, 일본 교토(京都)불교대학 대학원에서 석사 및 박사학위를 취득하였다. 중앙승가대학교 교수와 총장, 복지법인 승가원 이사와 이사장, 불교방송 이사, 재단법인 대한불교조계종 대각회 이사를 역임하였다. 현재는 재단법인 대한불교조계종 대각회 이사장, 법안정사 주지, 보국사 회주, 해인사 염불암 회주로 있다. 저서로 『念佛의 源流와 展開史』, 『초기불교 교단생활』, 『왕생론주 강설』, 『정토의 본질과 교학발전』, 『정토삼부경 역해』, 역서로 『정토삼부경 개설』, 『중국정토 교리사』, 『염불-정토에 왕생하는 길』, 독송용 『우리말 정토삼부경』 등이 있으며, 그 밖에 다수의 논문이 있다.

부처님 계율대로 · 자운대율사 일대기 ·

초판 1쇄 인쇄 2019년 1월 10일 | **초판 1쇄 발행** 2019년 1월 17일
이정범 **지음** | 김종도 **그림** | 태원 **감수** | **펴낸이** 김시열
펴낸곳 도서출판 운주사

(02832) 서울시 성북구 동소문로 67-1 성심빌딩 3층
전화 (02) 926-8361 | 팩스 0505-115-8361
ISBN 978-89-5746-535-6 03220 **값** 17,000원
http://cafe.daum.net/unjubooks 〈다음카페: 도서출판 운주사〉